Photos Couverture: **Couscous Casablancais
Cigares et Pastelles**

LA CUISINE JUIVE MAROCAINE

© **1994 Éditions Phidal**
1982 © S.S. Gafni

ISBN 2-89393-320-3

Dépôt légal :   Bibliothèque nationale du Canada
                Bibliothèque nationale du Québec
                2e trimestre 1994

Imprimé au Canada (2)

DIFFUSION SOUSSAN :
            5740, rue FERRIER, MONT-ROYAL, QC
            CANADA H4P 1M7
            TÉL.: (514) 738-0202 FAX : (514) 738-5102

LA CUISINE JUIVE MAROCAINE

RIVKA LEVY-MELLUL

SOMMAIRE

Avant propos — 6
Introduction, Le Mellah, La Mimouna, Les Coutumes, Dinette des enfants, Visite lors d'un repas, Les Soirées du Shabbat et de Fêtes, les types de Beauté, les croyances, les fêtes de Pessah.

Les Epices — 15
Liste des épices

Couscous — 17
Préparation des grains de Couscous • Couscous pour farcir la volaille • Couscous Casablancais • Couscous aux fèves • Couscous sucré et sec • Couscous de pain rassis • Grumeaux de Couscous au lait • Couscous au lait • Couscous sucré pour fêtes.

Salades — 27
Coulis de poivrons rouges • Piments rouges en conserve • Salade d'olives • Salade de carottes • Concombre à la crème sure • Paniers de tomates farcies de thon • Salade de fenouil • Salade de concombres • Petits piments piquants • La Harissa • Salade de laitue • Salade de poivrons grillés • Salade cuite • Salade d'olives et d'oranges • Salade de radis et d'oranges • Salade de tomate et piments grillés • Salade haricots verts • La Ratatouille • Pois chiches bouillis • Salade de lentilles • Salade de carottes bouillies • Salade d'aubergines • Fèves vertes fraîches • Salade de fèves vertes • Salade de poireaux • Salade de betteraves • Salade de chou-fleurs • Salade de blettes • Salade de pommes de terre •

Légumes Farcis et Tajine — 39
Artichauts farcis aux oeufs • Artichauts à la moutarde • La mayonnaise • Les variants • Artichauts marinés • Câpres marinées • Poivrons verts marinés • Carottes marinées • Câpres marinées • Poivrons verts marinés • Carottes marinées • Citrons marinés • Citrons marinés pour cuisson • Aubergines marinées • Olives en conserve • Olives noires desséchées • Olives marinées au vin • Olives au citron • Olives à la sauce rouge piquante • Olives cassées •

Soupes — 48
Soupe aux légumes • Soupe veloutée "Hrira" • Bouillon de poulet aux oeufs • Soupe aux tomates • Soupe au chou • Soupe au riz • Soupe aux pommes de terre • Soupe de fèves fraîches pour Pessah • Soupe de pois cassés • Soupe sure • Soupe de fèves sèches au cumin • Soupe de pois chiches • Soupe aux blettes • Soupe de semoule • Soupe aux lentilles •

Plats — 55
Céleri aux boulettes • Cardes farcies • Cardons aux boulettes • Petits pois et fenouil aux boulettes • Petits pois et pommes de terre aux boulettes • Petits pois et têtes d'artichauts aux boulettes • Petits pois et céleri aux boulettes • Truffes aux boulettes • Poivrons farcis • Courgettes farcies • Petites aubergines farcies • Coeurs de céleri farcis • Pommes de terre farcies • Oignons farcis • Figues à la sauce tomate • Fonds d'artichauts farcis • Haricots verts à la viande • Aubergines frites assaisonnées • Côtelettes de moutons aux oeufs durs • Pommes de terre au four • Courge rouge au four • Tomates aux oeufs • Oeufs au cumin • Oeufs pochés à l'eau • Petites pommes de terre à la marjolaine • Petits pois aux oeufs • Pommes de terre aux oeufs • Olives cuites • Olives à la viande • Omelette aux échalottes • Riz au safran • Paella de riz • Riz aux carottes • Boulettes de blé moulu • Blé concassé "Bourgol" •

Dafina — 73
Boulette douce de dafina • Dafina de pommes de terre • Dafina à la langue et aux truffes • Dafina de blé • Dafina à la pâte de boeuf • Dafina aux boyaux farcis • Dafina aux courgettes farcies • Dafina de pois chiches • • Dafina de Pessah •

Viandes — 78
Viande fumée • Viande fumée aux oeufs • Viande fumée aux graines d'anis • Viande fumée aux aubergines • Viande fumée à l'oignon • Épaule de mouton farcie • Rouleau de boeuf farci • Tranche de viande marinée • Tranche de viande à la marjolaine • Les abats • Pieds de boeufs au cumin • Râte farcie aux petites pommes de terre • Viande de tête de boeuf au cumin • Langue marinée • Cervelle au citron • Cervelle de veau aux

câpres • Foie de boeuf à la vinaigrette • Mouton cuit à la vapeur • Poitrine de boeuf marinée • Langue aux câpres • Langue aux champignons et aux olives • Mouton aux truffes • Marmelles de vache aux oeufs • Langue aux céleri et petits pois • Foie de poulet grillé • La Grillade • Côtelettes de moutons grillées • Mamelles grillées • Brochettes de viande et de légumes • Biftecks grillés • Le boudin • Brochettes de viande et d'abats • Hamburgers orientaux • Boulettes "Bonne Maman" • Boulettes de foie et de viande • Boulettes à la sauce tomate • Mélanges d'épices "Lékama" • Boulettes farcies d'oeufs • Boulettes farcies d'oignons • Rôti de viande à la moutarde • Fèves à la viande • Boulettes aux champignons • La grosse boulette • Boulettes au cumin •

Volailles 104

Poulet aux toupinanbours • Poulet doré • Poulet aux fines herbes • Poulet aux olives • Galantine de poulet • Poulet farci aux dattes • Rouleau de poulet • Poulet aux truffes • Ailes de poulet à l'oignon • Poulet aux pois chiches • Poulet aux navets • Poulet au safran • Poulet aux carottes • Poulet au citron mariné • Reste de poulet au cumin • Poulet à l'oignon • Poulet aux fenouils • Pigeons des mariés • Poulet aux pommes • Dinde farcie d'olives • Dinde farcie de couscous • Mouton aux amandes • Mouton aux pruneaux et oignons • Raisins secs confits • Pruneaux farcis • Figues farcies de viande • Abricots farcis de viande •

Poissons 121

L'Alose marinée et séchée • Sardines marinées • Marinade pour poisson frit • Poisson de mer mariné • Thon au vinaigre • Poisson farci piquant • Sole amandine • Boulettes de merlan à la sauce tomate • Boulettes de poisson au céleri • Boulettes de sardines aux cardes • Boulettes de poisson aux pois chiches • Poisson aux pois chiches • L'Alose aux carottes • Poisson aux radis • Poisson aux fèves vertes • Sardines accouplées • Sardines grillées • Poisson au citron mariné • Poisson aux blettes • Poisson d'eau douce aux olives • Poisson à la coriandre • Dorade aux pommes de terre • Poisson aux câpres • Poisson au four • Poisson aux poivrons et tomates • Cocktail de poissons aux légumes •

Omelettes 132

Omelette régulière • Omelette au thon • Omelette au poulet • Omelette à la cervelle • Omelette aux légumes • Pastelles de pommes de terre • Farce de viande pour cigares et pastelles • Feuilles de pâte pour cigares et pastelles • Pastelles à la feuille • Pastelles au gras de poulet • Cigares • Cigares au thon • Cigares farcis de foie • La pastilla •

Pains et Pâtes 143

Pain ordinaire • Pain du Shabbat • Pain de Pourim • Pita de farine de blé entier à l'oignon • Pita à la marjolaine • Pita à l'oignon • Pâte frite à la cannelle • Pâte salée feuilletée cuite • Mofléta • Crêpes marocaines • Plat de galettes de Pessah • Pizza marocaine • Plat de pâtes • Pâtes plates et fines "Linetria" • Pâte au safran •

Gâteaux — Pâtisseries 154

Gâteau des mariés • Sirop épais pour glaçage de gâteaux • Gâteaux au coco • Chébakia au miel • Croissants aux cacahuètes • Cornes de gazelle • Nougatine de cacahuètes, d'amandes • Nougatine de graines de sésame • Couronnes salées • Nougat aux amandes • Les galettes • La mona • Baklaoua • Meringues simples • Macarons de dattes et de noix • Biscuits au coco • Truffes aux cacahuètes • Petits gâteaux de coco cru • Meringues au coco • Meringues aux amandes • Couronnes au sirop • Montécaos • Montécaos au coco • Boules aux carottes • Cigares au miel • Gâteaux au caramel • Roses en feuilles de pâte • Massapans • Petits gâteaux au miel et fruits secs • Préparation de la pâte d'amande • Grilles de pâte au sirop • Les fazuelos • Gâteau remontant • Dattes, pruneaux et noix fourrés • Glaçage • Petits Gâteaux aux dattes • Baisers aux amandes • Gâteaux au loukoum • Beignets marocains • Les biscuits • Biscuits au hachoir • Biscuits à la crème • Amandes grillées • Fèves frites • Pois chiches frits • Confiture d'aubergines • Confiture de betteraves • Confiture de navets • Confiture de courge verte • Confiture d'oranges • Confiture d'écorces de pamplemousse • Macarons d'écorces de pamplemousse • Confiture de citrons • Confiture de raisins • Confiture de raisins secs • Confiture de pastèque • Marmelade de coings • Boulettes de coings • Le Harosset • Zemmetta •

Boissons — Fromages 184

Thé • Thé à la menthe • Eau de vie "Mahia" • Vin rosé mi-doux • Vinaigre de vin • Jus de citron sucré • Lait d'amandes • Fromage mou à l'huile d'olives • Fromage salé • Yogourt

Index 189

Avant-Propos

Chacun garde en soi une vague nostalgie, un regret conscient ou non qui le pousse à rechercher au plus profond des temps des goûts, des souvenirs, des odeurs connues et chères, et je pense que c'est ce qui m'a poussée principalement à écrire ce livre. La cuisine marocaine est à l'image des marocains: piquants et doux à la fois.

C'est une cuisine où se reflètent toute la couleur locale, le folklore et la joie de vivre d'un peuple gai et bon-vivant. La bonne chair, la poésie, la musique et les chants liturgiques étaient chose commune. C'est une cuisine méditerranéenne par excellence, où l'on peut reconnaître l'influence berbère ainsi que française et espagnole. Malgré tout, cette cuisine a conservé tout son cachet original, tout comme la cuisine judéo-marocaine.

La cuisine marocaine est toute faite de plats mijotés, lentement et longuement. La fin de la cuisson, appelée "séara dtequilia" (textuellement, la sauce au fil) démontre bien que le "mijotage" rendait la sauce onctueuse au point que, soulevée à la cuillère, il se formait un fil.

La cuisine quotidienne était le plus souvent un plat unique: légumes et viande cuisinés dans le même tajine (plat en terre cuite vernie). Dès les petites heures du jour, la mère de famille vaquait à la préparation du repas qui était son premier souci, compte tenu du temps nécessaire à sa réalisation. Elle posait son "tajine" sur le "canoun" (fourneau également en terre, chauffé au charbon de bois), ce qui rendait cette cuisson lente et particulièrement savoureuse. Les odeurs agréables et appétissantes qui s'en dégageaient embaumaient toute la maison et ne laissaient aucun doute quant aux talents de la maîtresse de maison.

La soupe par exemple n'était servie que le soir et composait généralement le repas à elle seule. Elle contenait une grande quantité de viande qui était par la suite servie à part, accompagnée de différentes salades.

En général, les boissons se limitaient à la "Mahia" (eau-de-vie) dégustée pendant les repas et le thé à la menthe pour finir. Bien entendu, les repas du samedi et des fêtes étaient beaucoup plus riches et plus variés. Leur préparation commençait depuis le mercredi, jour réservé aux emplettes dans les "souks" (marchés) et ne finissait que le vendredi après-midi, juste avant l'allumage des bougies. Différentes salades, soupes, viandes et poissons se disputaient la vedette de ces repas, combien riches et copieux, luxueux en couleurs et en goûts. C'était un régal des yeux et du palais.

Dans les maisons des familles plus fortunées (Dar-el-Tajar), il y avait une cuisinière (Tabakha), responsable de la cuisine et de l'économat, secondée par une pléiade de servantes et hommes de main, contrairement aux maisons de classe moyenne, où chacun mettait "la main à la pâte", afin de dégager la maîtresse de maison d'un surplus de travail. Les écarts de rangs étaient énormes dans la société des juifs marocains. Cette différence était visible à l'oeil et les habitants même y étaient sensibles. Les habitations par elles-mêmes pouvaient refléter, au tout-venant, la situation financière de leurs occupants. Le contraste notoire entre la riche propriété soignée et bien entretenue, vaste, spacieuse, agréable à contempler et la masure de terre cuite, accrochée au flanc d'une montagne désertique, délabrée, au milieu d'un terrain en friches, inculte comme ses locataires, où la nature est aussi avare en bienfaits que la vie l'est à l'égard de ses habitants, est à l'image même de notre cuisine dans laquelle se côtoient sans fin le sucre et le sel, le piquant et le miel. Contrastes caractéristiques des paysages environnants où la chaleur torride de Marrakech est à 20 minutes de voiture des neiges de l'Oukaïmeden.

Pour être sincère, les oeuvres de bienfaisance étaient nombreuses et bien organisées. Les riches faisaient de leur mieux pour combler l'écart et soulager la misère des pauvres gens. Il n'existait pas une famille de riches qui se respecte sans ses "protégés", ce qui assurait au moins le strict nécessaire aux pauvres gens dans le besoin.

La communauté juive marocaine était connue pour sa piété, son traditionalisme de bon goût et son amour de Sion. La recherche du lien avec la Terre Sainte et le retour au pays de leurs ancestres a toujours occupé le coeur et l'esprit des juifs marocains, bien que la tolérance et la coexistence pacifique des musulmans étaient relativement vives. Chaque fête et particulièrement la Mimouna (qui clôt la semaine pascale) fournissait l'occasion de prouver leurs bons sentiments. Voeux, cadeaux, offrandes rituelles étaient chose courante et appréciée. La réciproque ne manquait jamais de se manifester.

Il va sans dire que la communauté juive du Maroc a aussi supporté des brimades de tous genres. Malgré cela les juifs marocains ont su préserver une réputation de respectabilité, la fierté, l'amour-propre et un honneur sans tache.

Je garde en moi, comme tous les gens de ma génération je pense, le souvenir de jours heureux, de notre enfance au Maroc. Je voudrais leur faire partager, du moins goûter, par l'entremise de ces recettes, vestiges d'une tradition riche et ancestrale. Les mets variés et savoureux, compagnons de toutes les festivités et événements familiaux, ne sont pas l'apanage exclusif de la communauté juive marocaine. Mais la connaissance de toutes les anecdotes, coutumes culinaires et particularités ethniques oeuvre pour la compréhension des us et coutumes, l'abolition des frontières (sur la table au moins). Elle contribue à un sentiment d'identification entre les ressortissants de différentes communautés, qui découvrent subitement la similitude des actes, des usages en vigueur dans leurs propres familles.

Le goût de la cuisine m'a été donné par ma soeur aînée et ma grand-mère, contrairement à ce que l'on pourrait croire. Ma mère était trop occupée par son travail hors de la maison. Elle cousait toute la journée des "caftans" et des "djellabas". Il lui arrivait de travailler "à la journée" dans de riches maisons musulmanes. Dans ce cas, elle m'emmenait avec elle et c'est ainsi que l'occasion m'a été donnée de connaître de près la cuisine arabe marocaine. Riche en amandes, noix, raisins et viande de mouton à la graisse fondue "smen". Ma mère m'avait formellement prévenue et interdit même de toucher aux mets, quels qu'ils soient, et ce par respect de la "cachrout". C'était beaucoup trop demander à l'enfant que j'étais. Et je me souviens d'un jour où je n'ai pu résister à la tentation de goûter tous ces mets défendus. Je me suis faufilée à l'heure du déjeuner à la cuisine avec les enfants de la famille musulmane. Je me suis régalée de côtes de mouton aux petits oignons! Je n'ai jamais pu avouer cette faute à ma mère de peur de la peiner profondément.

Ce livre contient plus de 300 recettes: entrées, salades, plats principaux, potées, soupes, poissons, gâteaux. Il y a aussi des conserves, confitures, boissons et autres. Cuisine naturelle et saine au possible, où en général tous les composants étaient "fait-maison". Les quantités sont indiquées en général en verre, en tasse, cuillerée et autres instruments de mesure simples et courants. Dans la cuisine marocaine comme dans la plupart des cuisines du moyen-orient, les quantités sont variables et imagées: une poignée, une pincée, un soupçon, un grain, une branche, une feuille, etc. Les résultats sont à l'image des cuisinières: plus doux, plus pimentés, plus fades et plus originaux suivant les cas!

Je dédie ce livre à tous ceux ou celles que la vie a éloignés de leur origine et qui recherchent le parfum de l'enfance lointaine et presque oubliée, le goût d'une cuisine aimée et languie, un souvenir plein de miel et de soleil, un plat au parfum d'épices fraîchement moulues, de poulets récemment "égorgés". Un relent du pays lointain et regretté souvent où le calme de la sieste avait un goût d'anis et une odeur de menthe fraîche. Tout était prétexte à la fête, chaque occasion, événement ou même la parution d'un nouveau légume de saison.

Je le dédie aussi et surtout à ceux qui, par ce biais, apprendront à connaître le "fonds" d'un peuple gai et chaleureux, fier, noble et pacifique, et qui a conservé de toutes ses forces, envers et contre tout, la tradition belle et pure sans mélange et sans faux-fuyants, qu'il vous offre ici en cadeau.

Et maintenant, je vous invite à vous joindre à ma table en vous souhaitant

BON APPÉTIT!
Rivka

Le Mellah

Le "MELLAH" veut dire en arabe juif marocain un secteur regroupant la communauté juive. Ce mode de vie n'est pas spécialement originaire du Maroc. Il existait déjà presque dans toute l'Europe (genre Ghetto). Au Maroc, le premier Mellah fut construit à Fes en l'an 1552, soit 60 ans après l'expulsion des juifs d'Espagne. les autorités marocaines en avaient alors décrété la construction. Ces secteurs étaient clôturés par de fortes murailles et dont les portes se fermaient la nuit, surveillées par des gardes. Le "Mellah" était généralement situé non loin du palais royal. Malgré cela, les habitants redoublaient leur prudence afin de prévenir tout envahissement éventuel. L'architecture était ordinaire. Les rues (Derbattes) regroupaient marchands et artisans: la rue des marchands d'épices (Elâatarine) où l'on avait l'embarras du choix. Celui qui désirait acheter un bijou se rendait à la rue des artisans bijoutiers (Dhaïbiya), ou encore la rue des brodeurs ou "Fondouk", rond-point du Mellah, pour ceux qui désiraient acheter des broderies. Le Mellah n'était pas seulement peuplé que de juifs marocains; il y avait là également des coreligionnaires venant d'autres pays.

Les devantures des maisons étaient d'apparence simple afin de se préserver du mauvais oeil et aussi pour parer à la jalousie du voisinage. Par contre, l'architecture intérieure était plus riche: de grands patios, aérés et toujours ensoleillés, aux murs carrelés de faïence (Zeleiz). De part et d'autre du patio, les chambres réparties sur un ou deux étages. Fenêtres et balcons donnaient sur une arrière cour où les voisins se retrouvaient pour de longues veillées et où la grillade était à l'honneur (Shoua). Quant aux maisons plus pauvres, chaque famille occupait une ou deux chambres et toutes ces familles partageaient la même cuisine et les mêmes toilettes. Beaucoup plus tard, dans la même maison, cohabitaient juifs et arabes et l'entente était parfaite.

Le Mellah avait son crieur public (El Berrah), sillonnant les rues pour crier un message, par exemple pour retrouver un enfant égaré ou alors informant la population d'une festivité ou encore annonçant un événement chez telle ou telle famille ou tout simplement quand des familles pauvres avaient besoin d'aide lors d'une réception et qu'elles ne pouvaient payer les frais d'une "Tbakha" (cuisinière). "Tbakha" était également un surnom pour taquiner les femmes qui avaient râté leur vocation de bonne cuisinière.

La Mimouna

On ne peut décrire le folklore juif marocain sans parler de la Mimouna. La Mimouna est une coutume typiquement marocaine qui a lieu le dernier jour de Pessah. Le soir, au coucher du soleil, on dressait des tables "royales", dégorgeant de gâteaux, confitures, beurre miel, lait etc., fèves vertes dans leurs écorces, gerbes de blé, assiette pleine de farine, garnie de fèves vertes, de pièce de monnaie et de dattes ajoutaient une note de richesse à la table. Dans un grand plateau, sur un lit de verdure, trônait un poisson en signe d'abondance et de bénédiction. "La Moflèta" avait la place d'honneur: tartinée de beurre et de miel, c'était le symbole d'une année bénite et heureuse.
Les gens faisaient la "tournée des grands ducs", allant d'une maison à l'autre, goûtant à la moflèta, se bénissant mutuellement et se souhaitant "Terbhou ô Tseedou" (chance et bonheur). Très souvent, ces visites se prolongeaient jusqu'au petit matin, la joie et l'allégresse régnaient dans toutes les demeures. Les voisins arabes étaient également de la fête. Ils arrivaient les bras chargés de plateaux de verdure, de gâteaux (chebakia, montécao), beurre et petit lait en signe d'amitié. Les portes des maisons étaient ouvertes toute la nuit et celui qui était avide d'une bénédiction pouvait y pénétrer, goûter à la coutume et ressortir sans que personne ne cherche à connaître son nom. Le lendemain, c'était le jour de "pique-nique". Le soir de la Mimouna, certaines familles avaient coutume de préparer le levain qu'on laissait lever 2 à 3 jours avant de s'en servir pour faire le pain. En général, ce levain était à la disposition des voisins qui n'en avaient pas. C'était là une autre preuve d'amitié et d'entr'aide entre voisins.

Les Coutumes "El âada"

"Une coutume chez les juifs se transforme en décret". Au Maroc, ce dicton fut très approprié. Dans chaque famille ou communauté, certaines coutumes étaient strictement observées et appliquées quelles qu'en soient les circonstances, même en dehors de chez eux. La famille était imprégnée de cette coutume et il ne fallait surtout pas s'en dérober. Par exemple, lorsqu'on recevait un invité durant les fêtes, il fallait ajouter à la gamme de mets son plat de coutume "El âada". Ces dernières générations, les nouvelles épouses feignaient d'ignorer les coutumes de leurs époux afin de ne pas se voir obligées de les pratiquer la première année de mariage et ainsi, elles les annulaient en faveur de leurs propres coutumes. Une coutume dont il me sera difficile de me défaire, c'est celle de ne rien sortir de la maison Samedi soir, par exemple, farine, sucre, huile. Ces produits de base sont symboliques d'abondance et de bénédiction. Par superstition, on évite donc de les sortir.

Dinette des Enfants "El Minedara"

Durant les mi-fêtes de Pessah, la plus grande joie des enfants, c'était de se réunir comme les "grands" et de faire leur propre cuisine. Les parents leur achetaient alors des ustensiles "miniatures". Chaque enfant apportait sa quote-part, et durant les 4 jours de mi-fêtes, à tour de rôle, chez l'un ou chez l'autre, ils avaient leur dinette. Ils se débrouillaient comme des grands, sans l'aide des parents et cela leur procurait une très grande joie.

Visite lors d'un repas

Si vous avez eu l'occasion d'être de passage dans une famille marocaine, lors d'un repas et qu'on a eu l'honneur de s'entendre dire par le maître de maison "Bi isk Nserko Tâ am". ce qui veut dire "Partageons notre repas" pour nous lier d'amitié, surtout ne vous dérobez pas car vous froisseriez alors son amour-propre. Par contre, si vous avez accepté, sachez que vous avez fait grand plaisir à son épouse, car c'est là, son rôle principale, en plus de l'éducation de ses enfants. Après le repas, n'oubliez pas de louer les mérites de la maîtresse de maison, en la félicitant: "Mbarko Lidine Di Seniora", qui veut dire: "Que les mains de la Grande Dame soient bénites".
Mais si vous avez refusé de manger, on vous dira "Kilti ou la ma kilti, fil mida guilsti", cela signifie "Que tu aies mangé ou pas, à table tu étais présent".
La présence à table est considérée comme ayant consommé un repas et pour cela, il est préférable de manger…

Les Soirées de Shabbat et de Fêtes

Les soirées de Shabbat et de fêtes sont les plus belles heures dont j'ai souvenance. Le respect que témoignaient les enfants à leurs parents était unique. Lorsque le père revenait de la synagogue, les membres de la famille, en signe de respect, lui embrassaient la tête et le visage. En retour, celui-ci, pour les gratifier, les bénissait un après l'autre. La famille s'installait autour d'une table richement dressée, illuminée par des bougies du shabbat. Le père levait sa coupe de vin et toute la famille se joignait à lui pour la bénédiction. Tout le monde goûtait au vin et se souhaitait mutuellement "Shabbat Shalom" ou Khag Sameyiah", ce qui veut dire "Bon Shabbat" ou "Joyeuses Fêtes", sans omettre d'embrasser la tête et la main de la maman qui avait toujours des mots très doux et très chauds pour les bénir, par exemple "Que nous soyons ainsi tous réunis". Lorsqu'un des membres de la famille était hors de la ville, la mère disait ""Bla-bass" ou "No Le Falta", qui veut dire "Que Dieu le bénisse", et c'est alors que commençait le repas du Shabbat. Le poisson était alors à l'honneur du repas.

Type de Beauté

Le type idéal de la belle femme était particulier aux femmes grassouillettes, bien en chair même, avec des rondeurs prohéminentes, au teint très clair, au visage rond, une fossette et un double menton. C'est ainsi qu'elle plaisait à son futur époux, lors des présentations. ("Béda, Bel-Ghéba ou Tekba-del-hcine").
Par contre si la brue ne réunissait pas toutes ces qualités, il va s'en dire qu'elle ne plaisait pas à sa belle-mère et alors était surnommée "Hska labssa sayia", autrement dit: "Un manche à balai habillé en femme".

La Croyance en les Démons

À part la croyance de la religion, les gens avaient aussi des tabous, comme celui de se préserver des mauvais esprits. Ce tabou était là, en eux et accompagnait chacun de leurs faits et gestes. Par exemple, il n'était pas recommandé de sortir seul la nuit de peur de se faire attaquer par les mauvais esprits ou encore ne pas laisser un mets découvert la nuit car les mauvais esprits pourraient y tremper les doigts et alors tous ceux qui y goûteraient après en seraient touchés. C'est pour cela que précisément, avant la circoncision, on avait coutume de chasser les mauvais esprits de la chambre de la maman et du bébé. Cette cérémonie mystique consistait à chasser "Lilith", à l'aide de longues épées. "Lilith", veut dire la déesse des mauvais esprits qui s'attaquait surtout aux bébés.

Liste des Mets de Pessah

À Pessah, on avait coutume de préparer des mets avec tous les légumes de la saison, accompagnés de viande de boeuf, mouton, poulet ou boulettes. En cette période, on trouve sur le marché, en abondance, des fèves fraîches, des petits pois, du céleri, des cardes, des artichauts, des pommes de terre et oignons frais. La chapelure est remplacée par la farine de "Matsa".

Le soir du "Seder"

La soupe aux fèves, salades variées, dinde farcie d'olives et d'amandes ou langue aux câpres.
Pour accompagner: petites pommes de terre ou riz au safran (pour ceux qui consommaient du riz à Pessah). En général, les juifs marocains n'en consommaient pas.

Le petit déjeuner

On avait coutume de servir pour le petit déjeuner, un oeuf dur, des pommes de terre bouillies, du thé à la menthe et des dattes (sans thé, sans sucre). On mord dans la datte et on accompagne de thé, pour continuer la coutume de nos ancêtres.

Le repas de midi durant les fêtes

Sole amandine, côtelettes de mouton aux pruneaux "Tenjiya", langue aux truffes ou épaule de veau farcie. Pour accompagner: omelette ou salades.

Et pour les autres jours de la semaine

Soupes: Soupe au chou, soupe de tomates et pommes de terre et soupe aux légumes.

Plat principal: Foie de boeuf à la vinaigrette, roulé de poulet, poulet à l'oignon, poulet aux fenouilles, artichauts ou cardes farcis.

Quelques suggestions pour accompagner: Pastelles de pommes de terre et bien sûr tous les légumes de saison pour accompagner viandes, poulet et poissons au choix.

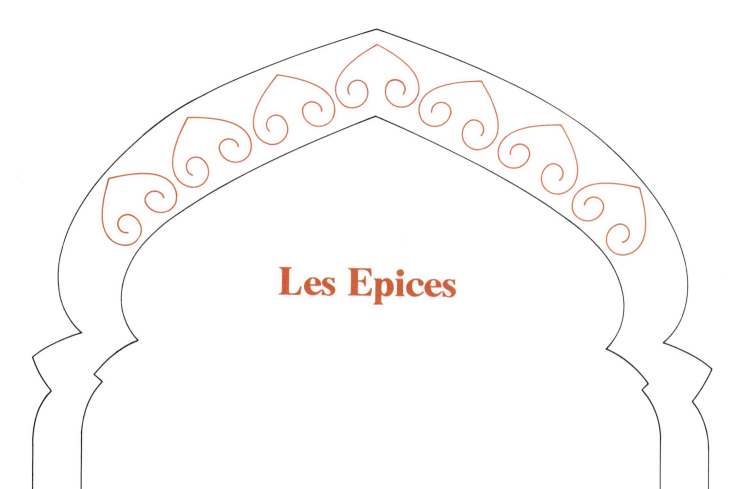

Les Epices

La cuisine marocaine doit son goût raffiné aux épices. Elles sont utilisées aussi bien en cuisine, pâtisserie qu'en pharmacie, en guise de soins préventifs. Par exemple, lors d'une maternité, on suspendait au-dessus du lit de la maman, plusieurs sachets contenant une variété d'épices et d'herbes, ceci afin d'activer le prompt rétablissement de la maman et de son bébé.

Je ne puis effacer de ma mémoire les jours où ma grand'mère préparait les épices. Elle s'installait au milieu du patio, assise sur un petit tapis, à même le sol et disposait tout autour d'elle de grands plats en paille tressée, remplis de toutes sortes de graines et de racines.

Ma participation à ce travail consistait à lui tendre, l'un après l'autre, les plats que j'identifiais selon la couleur des épices. Plus tard, j'appris leurs noms.

La qualité d'épices est définie par celle de graines; plus elles sont fraîches, meilleure en est la saveur. Aller à la recherche de racines et herbes donnait lieu à une sortie et, mieux encore, à une partie de plaisir puisque nous allions les cueillir dans les champs. Bien entendu, chaque type de graines avait sa période de floraison et de cueillette. L'orégano, par exemple, du printemps au début de l'hiver, les câpres du début Avril à Juin. En Juin fleurissait l'anis et quand les graines commençaient à sécher, on les cueillait en bouquets puis de retour à la maison, on les disposait sur un plateau à l'air et à l'abri de la lumière, afin qu'elles conservent leur couleur naturelle.

EPICES UTILISEES

Absinthe — Chiba
Ail — Touma
Cannelle — Kerfa
Câpres — Elkapar
Céleri — Krafss
Clou de girofle — Kronfel
Coriandre — Kesbor
Cumin — Kemoune
Curcuma — Elkherkoum
Épices mélangées — Lékama
Feuilles de laurier — Sidna moussa
Fenouil — Basbash
Gingembre — Skingber
Gomme arabique — Mestka
Graines d'anis — Enafaâ
Graines de sésame — Zelzlane

Kimel — Elkerouiya
Macis — Massia
Marjolaine — Mert'dedouche
Menthe — Nnaânaâ
Menthe Sauvage — Soffa
Noix de muscade — Elgouza
Oignon — Besla
Orégano — Zaâter
Paprika — Felfla Hemra
Pépermint — Fliyo
Persil — Maâdnoush
Piment de cayenne — Felfla Soudaniya
Poivre blanc — Lebzar Bied
Poivre noir — Lebzar Kéhel
Safran — Zaâfrane
Verveine — Ellouiza

De nos jours, rares sont les personnes qui préparent les épices à la maison. En effet, notre temps est limité et le travail ne manque pas. Mais croyez-moi, le résultat vaut le dérangement et pour celles qui désirent encore le faire, voici quelques suggestions:
1) Choisir des graines entières, veiller à ce qu'elles ne soient pas détériorées par de petits trous qui cachent les charençons invisibles à l'oeil nu.
2) Etaler les graines sur un plateau et exposer au soleil quelques heures.
Oter les peaux, s'il y a lieu et moudre au fur et à mesure les quantités désirées. Conserver dans des bocaux en verre hermétiques. Placer dans un endroit sec.

Le Couscous
"Sekso"

Le couscous est le mets le plus populaire dans la cuisine marocaine, que ce soit dans les villes ou dans les villages, chez les juifs ou chez les arabes. Ces derniers le préparent en l'assaisonnant de "Smen" (gras ou beurre), et l'agrémentent de côtelettes de mouton. Le couscous doit son origine aux berbères mais a aussitôt fait son chemin à travers toutes les régions. Cependant, il est élaboré de différentes façons selon les régions et c'est ainsi que chaque ville a adopté par la suite sa propre spécialité.

Quelques mots sur l'une des spécialités "Sekso Del Eesoub" (mélange de grains non répandus et plutôt rares dans certaines régions). Ce type de couscous était servi lors de réceptions réunissant seulement les femmes. En effet, les juives marocaines se retrouvaient entre amies, voisines et famille, une fois par mois, et ces dernières en profitaient pour organiser ces réunions, où le "Sekso Del Eesoub" était de la fête. Elles dansaient, chantaient et s'amusaient en dégustant ce fameux couscous. Ce type de couscous était réputé étant un aphrodisiaque. Sa préparation est sans aucun doute fastudieuse pour la maîtresse de maison mais il n'en reste pas moins qu'il apporte une note de fête.

Ceci étant dit, revenons au mode de préparation du couscous.

Sa composition: grains de couscous et bouillon. Pour préparer les grains, il faut juste de la semoule et de l'eau. Si l'on ne veut pas le préparer on pourra l'acheter en paquets sur le marché. Pour cela, choisir des grains de grosseur moyenne.

Ustensiles:
1) 1 grand tamis pour passer les grains
2) 1 grand plat en paille pour le séchage des grains
3) 1 grand plat en terre cuite de 60 à 70 cm de diamètre
4) Couscoussier composé de deux éléments: une marmite profonde et un genre de passoire qui s'adapte sur la marmite.

Certains ustensiles ne sont pas courants sur le marché, il faudra alors essayer de les substituer par d'autres assez similaires.

Préparation des Grains de Couscous

pour 10 à 12 personnes

1 kg de semoule régulière
100 g. de farine tout usage
1/4 de tasse d'huile végétale

1 1/2 tasse d'eau
1 cuillerée à café de sel

Préparation: verser dans un bol plat et large 1 tasse de semoule. Dans un autre, plus petit, eau, huile et sel. Humecter très légèrement la semoule avec la préparation obtenue et mélanger le tout par rotation de façon à former des grumeaux (gros grains). Saupoudrer d'une cuillère de farine. Passer les grumeaux dans un tamis à gros filet, et recueillir les grains dans un bol. Continuer la même opération pour le restant de semoule et de farine. S'il y a accumulation de plusieurs grumeaux, saupoudrer de farine, et toujours d'un mouvement rotatif, les passer au tamis.
Pour évaporer, ne pas mettre plus d'un demi kilo de couscous à la fois dans le couscoussier.

Remarque: Le couscous peut être conservé pour une autre préparation. Pour ce faire, avant la cuisson, prélever la quantité désirée puis l'étaler sur un linge propre. Exposer au soleil ou dans un endroit très sec durant 2 jours. Dans ce cas, incorporer à la préparation liquide un blanc d'oeuf qui asséchera les grumeaux.
Peut se conserver dans un sachet en plastique ou peut être congelé.

Couscous pour Farcir la Volaille

pour 10 à 12 personnes

3 tasses de couscous sec
300 g de viande hachée
1 tasse de raisins secs (environ 200 g)
1 tasse d'amandes grillées et hachées
3 oignons émincés et frits
100 g de pignons de pin grillés
1 tasse d'abricots émincés
1/4 tasse de persil émincé
1/4 tasse d'huile

1 1/2 tasse de bouillon de poulet
2 ou 3 os à moelle
du safran ou 1/2 cuillerée de curcuma
1 1/2 cuillerée de canelle
1 cuillère de sucre
1 1/2 cuillerée de poivre blanc
1 1/2 cuillerée de macis
1/4 cuillerée de noix muscade
1/2 cuillerée de sel

Préparation de la farce: Evaporer le couscous durant environ 30 mn. Le verser ainsi évaporé dans une grande cuvette. Saupoudrer de sel, sucre, persil, poivre, muscade, macis, huile et y incorporer la moelle des os. Mélanger le tout à la main ou à l'aide d'une spatule en bois. Ajouter les amandes hachées, les raisins secs, les pignons de pin, la viande hachée et les abricots émincés. Faire revenir les oignons dans l'huile et les ajouter à cette préparation. Mouiller le tout d'une tasse et demie de bouillon de poulet et bien remuer.

Remarque: Si le couscous est acheté, le verser dans le couscoussier et le rincer rapidement sous le robinet.

Cette recette suffira pour farcir une dinde entière.

Couscous Casablancais "Bédaouais"

pour 10 à 12 personnes.

3 paquets de couscous prêt
  paquet de 350 g) ou
  1 kilo de couscous maison
1 tasse d'amandes blanchies,
  grillées et hachées
1 1/2 à 2 kg de viande
3 à 4 os à moelle
1 kg de courge rouge
2 tasses de pois-chiches trempés
  durant une nuit dans l'eau
3 oignons

4 à 5 navets
3 à 4 piments piquants (selon le goût)
1 chou moyen coupé en 4
6 à 8 carottes
5 à 6 litres d'eau
1/2 tasse d'huile
Épices (moitié pour le bouillon,
  moitié pour le couscous)
1/2 cuillerée de curcuma
1 1/2 cuillerée de poivre noir
Sel (au goût).

Mode de préparation: Éplucher tous les légumes sauf la courge. Les couper chacun en 4 (les carottes en 2). Couper la courge en grands quartiers. Rincer le tout. Dans la marmite du couscoussier, mettre les pois chiches. la viande, les os ainsi que tous les légumes à l'exception de la courge (à cause de sa cuisson rapide). Assaisonner le tout avec la moitié des épices prévues et porter à ébullition. Mettre dans le couscoussier pas plus d'un demi-kilo de couscous à évaporer et l'ajuster à la marmite. Veiller à ce que la marmite et le couscoussier soient bien adaptés afin d'éviter que la vapeur s'échappe. Recouvrir le couscoussier durant 30 mn. (Les grains de couscous ne ramolliront qu'à travers l'infiltration de la vapeur). Une fois prêt, verser le couscous dans un grand bol. Cette dernière opération est appelée "Tfouéra" ou première évaporation. Réduire le feu et continuer la cuisson de la soupe. Laisser le couscous tièdir et y ajouter l'huile et l'autre moitié d'épices. Humecter d'une tasse d'eau et mélanger le tout à la main ou avec une cuillère en bois. Si des grumeaux se forment, il faudra les séparer. Répéter l'opération, si nécessaire. Ajouter à la soupe la courge rouge.

Pour la deuxième opération, ne pas couvrir le couscoussier et évaporer le couscous environ 30 à 45 mn. (Veiller à ce que les grains ne deviennent pas pâteux). Si les grains sont trop ramollis, refaire l'opération en y ajoutant 1/4 tasse d'huile. Mélanger par gestes rotatifs pour séparer les grains. La 2ème opération est appelée "2ème Tfouéra". L'huile peut être remplacée par la moelle d'os cuits, cela donne aussi un meilleur goût au plat.

Incorporer la moelle aux grains de couscous et mélanger bien le tout avant de l'arroser. Continuer la cuisson de la soupe. On peut retirer les légumes et la viande et les passer au four pour les dorer, ou les faire légèrement frire dans une poêle. Pendant ce temps, continuer de faire cuire les pois-chiches. Il est également possible de faire cuire en premier la viande et les pois-chiches et y ajouter les légumes 30 mn après.

L'arrosage du couscous "Tsikia" et sa présentation: Placer le couscous dans un grand plat, y ajouter les amandes hachées. Disposer par-dessus les légumes, la viande et les pois-chiches. Arroser du 2/3 du bouillon. Le couscous devra être arrosé 15 mn avant de le servir. Durant ce laps de temps, les grains absorbent le bouillon. Le reste de ce dernier est servi dans une soupière pour ceux qui préfèrent le couscous bien arrosé.

Pour chaque convive, servir une assiette contenant une bonne quantité de couscous, agrémenté de légumes, viande et pois-chiches. Le couscous peut être accompagné de salade cuite et d'eau-de-vie "Mahia". On termine la soirée en servant du thé à l'absinthe "Chiba" qui facilite la digestion.

Remarque: Le couscous commercial étant très sec, il est recommandé de le verser dans une passoire et le rincer rapidement sous le robinet avant de le faire évaporer.

Couscous aux Fèves

pour 8 à 10 personnes

- 1 kg de couscous
- 2 kg de fèves fraîches
- 1 cuillerée de poivre noir
- 1 1/2 cuillerée de marjolaine
- 1/2 cuillerée de curcuma
- 1/2 tasse d'huile
- 4 os à moelle (facultatif)
- 2 oignons frits
- 2 tasses d'eau pour la cuisson des fèves
- Eau et sel

Éplucher, rincer et faire cuire les fèves avec les os à moelle, la moitié des épices et l'eau. Entretemps, faire évaporer le couscous à 2 reprises. Une fois prêt, y ajouter l'huile et le restant d'épices. Incorporer la moelle ainsi que la marjolaine pilée. Vérifier la cuisson jusqu'à ce que l'eau soit réduite. Mélanger les oignons frits et les disposer sur le couscous en pyramide. Ce couscous est consommé sec. Toutefois, pour ceux qui préfèrent le couscous arrosé, on pourra toujours servir un jus de poulet.

Couscous Sucré et Sec "Seffa"

pour 8 à 10 personnes

- 1 kg de couscous maison
   (ou 3 paquets de couscous commercial)
- 1 cuillère de cannelle
- 3 cuillères de sucre
- 1/2 tasse d'huile (ou 100 g de beurre)
- 5 à 6 litres d'eau
- 1 cuillerée de sel

Préparer le couscous comme pour les recettes précédentes, c'est-à-dire ramollir les grains par évaporation "Tfouéra". Dans la marmite, verser la quantité indiquée d'eau additionnée de sel. Faire évaporer 2 à 3 reprises le couscous 30 mn, jusqu'à ramollissement des grains. Après chaque évaporation, humecter d'une demi tasse d'eau et d'huile ou de beurre, selon les goûts. Une fois toute l'opération terminée, verser le couscous dans un grand plat, saupoudrer de sucre et de cannelle, mélanger le tout et servir. Ce couscous est consommé sec ou accompagné d'un verre de lait froid. Ne pas mouiller le couscous avec l'eau ayant servi à l'évaporation.

Couscous de Pain Rassis "Amfouar"

pour 8 à 10 personnes

- 1 1/2 à 2 kg de pain rassis (la Khallah)
- 1/2 tasse d'huile d'olive
- 3 oignons émincés et frits
- 4 à 6 os à moelle
- 5 à 6 litres d'eau
- 1 1/2 cuillerée de poivre blanc
- 1/2 cuillerée de curcuma
- 1/2 cuillerée de sel

Photo de droite: Les variantes colorées et juteuses dans leurs bocaux, l'ail, piments, feuilles de laurier et autres herbes. C'est le décor original des cuisines marocaines.

Photo centrale: Les épices qui relèvent les mets dans le plateau en paille de droite à gauche: la noix de muscade, les bâtons de cannelle, le gingembre, des racines de curcuma, le poivre anglais, le mâcis, les clous de girofle et les graines de sésame. Autour du plateau de droite à gauche: le safran, le poivre blanc et le poivre noir, des bourgeons de roses séchés, piments secs piquants, curcuma haché, graines de cumin, marjolaine en poudre, feuilles de laurier, graines d'anis paprika.

La préparation du "Amfouar" est similaire à celle du couscous, c'est-à-dire à l'aide du couscoussier.

Verser l'eau dans la marmite, disposer dans le couscoussier le pain coupé en cubes.

Il faut que la vapeur passe à travers les cubes de pain. Après 30 mn environ, retirer le pain et le placer dans un grand bol, tout en l'émiettant le plus possible.

Saupoudrer d'épices, humecter d'huile et mélanger le tout à l'aide des deux mains. Y incorporer la moelle d'os et remélanger.

Remettre le tout dans le couscoussier et laisser évaporer durant 30 mn environ. (L'eau de la marmite ne sert qu'à l'évaporation). Mélanger les miettes aux oignons frits et servir chaud le couscous, accompagné de salade cuite piquante.

Ce plat spécial, dit-on, pour le "jour de lessive", est aussi appelé "couscous des radins".

Grumeaux de Couscous au Lait "Berkoukch"

pour 10 à 12 personnes

1 kg de semoule
100 g de farine ou 3 paquets de gros couscous commercial
2 litres de lait
200 g de beurre
1 cuillerée de cannelle
Sel ou sucre (au choix)
Eau pour évaporation

La préparation du "Berkouks" est la même que celle du couscous, sauf qu'il ne faut pas passer les grumeaux au tamis.

Procéder à l'évaporation "Tfouéra", ensuite humecter les grumeaux d'une tasse et demie d'eau salée et y incorporer 100 g de beurre. Répéter l'opération (2ème Tfouéra) puis disposer les grumeaux dans un grand plat assez profond. Porter le lait à ébullition et le verser sur les grumeaux. Laisser ces derniers s'imbiber de lait et servir (garnir d'une noix de beurre et de cannelle).

Pour ceux qui préfèrent ce plat sucré, remplacer alors le sel par le sucre.

Le "Berkouks" est une coutume de "Pourim". Il est consommé avant ou après le jeûne. De préférence, le servir dans des bols en bois.

On peut trouver sur le marché du "Berkouks" commercial. Dans ce cas, il est recommandé de le tremper dans 1 1/2 tasse d'eau avant l'évaporation.

Couscous au Lait

pour 10 à 12 personnes

1 kg de couscous
5 à 6 litres d'eau
2 litres de petit lait
100 g de beurre
1/4 tasse de sucre
200 g de raisins secs
50 g de beurre
(ou 1/4 tasse d'huile pour le grain)
2 à 3 cuillerées de cannelle
1/4 cuillerée de sel

Photo de gauche: En haut: Betteraves fraîches, à droite, salade de chou-fleurs, à gauche, panier de tomates farcies (les recettes en pages 36, 37, 29)

Voir recette précédente pour la préparation du couscous.

Dans une marmite, verser l'eau additionnée de sel puis porter à ébullition. Placer par-dessus le couscoussier contenant les grains de couscous (voir recettes précédentes). Évaporer à deux reprises, la 2ème fois après avoir incorporé aux grains l'huile (ou le beurre), la cannelle et le sucre. Humecter avec 1 tasse d'eau, séparer les grumeaux, remettre dans le couscoussier et continuer l'évaporation 30 à 40 mn (jusqu'à ce que les grains soient tendres). Jeter 100 g de beurre en petites noix sur les grains. Mélanger dans un récipient, saupoudrer de cannelle, sucre et garnir de raisins secs.

Servir, accompagné de petit lait, en guise de breuvage. L'eau contenue dans la marmite ne sert qu'à l'évaporation du couscous. La saveur en est acide-sucrée. Le couscous au lait est généralement servi dans des bols, utilisant des cuillères en bois. Les juifs marocains avaient coutume de consommer ce couscous lors des fêtes de "Hanouka".

Couscous Sucré pour Fêtes

pour 10 à 12 personnes

3 paquets de couscous commercial
 (paquet de 350 g) ou
1 kg de couscous maison
1 1/2 ou 2 kg de côtelettes de mouton
 ou 2 gros poulets
1 tasse d'amandes blanchies, grillées
 et hachées
250 g de raisins secs
200 g d'amandes blanchies et frites
250 g de pruneaux
1 kg de courge rouge non épluchée
8 à 10 petits oignons
6 à 8 carottes
2 tasses de pois-chiches trempés
 durant une nuit
5 à 6 litres d'eau
Épices: (moitié pour la soupe,
 moitié pour le couscous)
1/2 tasse d'huile
1 1/2 cuillerée de cannelle
1 1/2 cuillerée de poivre noir
1/4 cuillerée de sel
3 cuillères de sucre
1 pincée de safran
 (ou 1/2 cuillerée de curcuma)

Préparer le couscous de la même façon que pour les recettes précédentes. Dans une marmite, placer les pois-chiches, la viande ou poulets coupés, les carottes et les oignons épluchés, couvrir d'eau le tout, poivrer et saler puis porter à ébullition pendant 30 mn. Placer au-dessus de la marmite le couscoussier contenant le couscous à évaporer. Après évaporation, le verser dans une cuvette (ou autre récipient), saupoudrer de safran, asperger d'huile et d'une tasse d'eau tout en mélangeant, séparer les grains. Procéder à la 2ème "Tfouéra" 30 mn. Reverser le couscous dans la cuvette et ajouter la moitié de sucre et de cannelle. Retirer les légumes de la soupe y compris la courge et la viande. Ne laisser que les pois-chiches qui continueront de cuire. Pendant ce temps, faire sauter les légumes séparément dans une poêle à frire afin de les dorer légèrement. Frire également les raisins secs, les pruneaux et les laisser évaporer 30 mn environ.

Présentation: Disposer le couscous dans un grand plat de service, y incorporer les amandes hachées puis mélanger. Par-dessus, garnir de légumes, pruneaux, raisins secs et parsemer le tout d'amandes frites. Disposer, en pyramide, les côtelettes (ou les morceaux de poulet), arroser de la moitié du bouillon. Saupoudrer de 2 cuillères de sucre et 1/2 de cannelle puis passer au four préalablement chauffé. Ne pas omettre d'arroser de temps à autre pour éviter l'assèchement des grains. Ce mets s'accompagne bien d'un verre de mahia.

Vu sa richesse en calories, ce plat est préparé, généralement, pour les grandes occasions.

Les recettes de couscous, comme vous pouvez le constater, sont assez variées. Cependant, quelle qu'en soit la variété, ces mets sont tout simplement succulents.

Les Salades

Deux sortes de salades sont à l'avant-garde de la cuisine marocaine: Les salades cuites servies froides et les salades de légumes frais. Plusieurs d'entre elles sont assaisonnées de paprika ou de cumin, d'huile d'olive ou d'argan; ce sont des huiles raffinées qui étaient précieusement gardées à cause de leur coût très élevé. (Dans le temps, on pensait que ces huiles, mise à part leur utilisation domestique, étaient recommandées pour la santé. C'est d'ailleurs pour cela qu'on en donnait aux bébés sur de la chapelure et du sucre). D'autres salades étaient assaisonnées de vinaigrette (vinaigrette et épices), comme les assaisonnements de style français. Les entrées étaient souvent composées de 5 à 6 sortes de salades sans compter les variantes. Les composants de salade doivent être frais et soigneusement rincés à l'eau salée ou additionnée de vinaigre afin de supprimer les vers de terre souvent non visibles à l'oeil nu, particulièrement en ce qui a trait aux légumes composés de verdure.

Remarque: On peut préparer une grande quantité de salades cuites et la conserver au réfrigérateur une semaine ou plus.

Coulis de Poivrons Rouges

1 kg de poivrons rouges (charnus)
1/2 tasse de vinaigre blanc
1 cuillerée de cumin en poudre
1/2 tasse d'huile

5 à 6 gousses d'ail
1 cuillerée de paprika doux ou piquant
2 cuillerées de concentré de tomates
1 cuillerée de sel

Laver et épépinner les poivrons. Réduire en purée à l'aide d'un broyeur électrique, ajouter au fur et à mesure le concentré de tomates, les épices, le vinaigre, l'huile et le sel. Mettre dans des bocaux hermétiques et conserver au réfrigérateur.
S'utilise pour accompagner des aubergines frites, pour assaisonnement, ou comme base de canapés.

Piments Rouges en Conserve

4 à 5 kg de piments rouges
2 tasses de vinaigre

2 tasses d'huile
2 cuillères de sel

Griller et nettoyer les piments (Voir recette des poivrons grillés). Retirer délicatement la peau. Surtout ne pas rincer à l'eau. Nettoyer avec des serviettes en papier. Laisser égoutter toute une journée jusqu'à assèchement.
Lorsqu'ils sont tout-à-fait secs, les disposer bien à plat sur une plaque durant une autre journée. Après cela, les entasser dans un bocal. Intercaler en versant l'huile, le vinaigre et le sel entre les couches. Fermer hermétiquement les bocaux et les garder dans un endroit sec ou au réfrigérateur. Ces piments se conservent plusieurs mois.

Autrefois, afin de profiter des légumes de saison, on faisait griller de grandes quantités de piments. La salade ainsi obtenue se conservait dans des bocaux en verre afin de la déguster après la saison. Se consomme nature ou alors pour varier d'autres salades. Il est à noter que cette salade est réduite de moitié après sa préparation.

Salade d'Olives

pour 4 à 6 personnes

200 g d'olives noires découpées
200 g d'olives vertes découpées
2 à 3 piments marinés piquants (ou doux)
1 citron (ou 1/4 tasse de vinaigre)
2 cuillères de harissa (voir préparation)

1/2 tasse de flocons de persil
5 à 6 gousses d'ail hachées
1/4 tasse d'huile
1 cuillerée de cumin
Sel (au goût)

Découper finement les olives et les piments piquants. Ajouter les ingrédients et les épices puis mélanger le tout. Se prépare plusieurs heures avant sa consommation. On peut remplacer les olives par du citron mariné. Dans ce cas, émincer finement 2 à 3 citrons marinés, assaisonner avec la même préparation que ci-dessus indiquée en supprimant le jus de citron. Se conserve aisément.

Salade de Carottes "Salada Dikhizo"

pour 4 à 6 personnes

6 à 8 carottes
3 à 4 gousses d'ail
1/2 cuillerée de poivre blanc
Quelques branches de persil

1/4 de tasse de jus de citron
1/4 de tasse d'huile d'olive
 ou huile d'argan
Une pincée de sel

Éplucher les carottes, les rincer puis les râper avec une grosse râpe. Émincer très finement l'ail et le persil. Assaisonner le tout d'huile, de jus de citron et d'épices.

Concombres à la Crème Sure

pour 4 à 6 personnes

1/2 kg de concombres
1 litre de crème sure (ou yogourt)
1/4 tasse de menthe fraîche

4 à 5 gousses d'ail
1 1/2 cuillerée de poivre blanc
1/2 cuillerée de sel.

Rincer les concombres puis les découper en dés assez fins. Les disposer dans un bol profond et verser par-dessus la crème sure. Y ajouter la menthe émincée et l'ail écrasé. Epicer de poivre et sel. Mélanger le tout et servir froid.

Adoptée également par les arabes du pays, cette salade est très appréciée les jours d'été.

Paniers de Tomates Farcies de Thon

pour 4 à 6 personnes

4 à 6 tomates bien rouges et fermes
150 g de thon en boîte ou fait maison
 (voir recette plus loin)
2 piments marinés
1 ou 2 échalotes

1/4 cuillerée de poivre blanc
Le jus d'1/2 citron
Quelques olives pour décorer
4 à 6 feuilles de laitue
Une pincée de sel.

Rincer les tomates et les faire sécher. Pour obtenir la tomate en panier, poser celle-ci, sur sa base la plus large, à même une assiette ou une planche à découper. À un demi cm. du centre, la couper avec un couteau bien aiguisé jusqu'au milieu de sa hauteur des deux côtés, sur la largeur afin de former une lanière au centre. Tailler des 2 côtés sur la largeur pour découper 2 rayons. Vider délicatement la tomate et on obtient ainsi un panier avec manche (voir photo).

Farce: Émietter le thon, y ajouter les échalotes et les piments émincés, les épices et le jus de citron puis mélanger le tout. Farcir les paniers et les décorer d'une demi-olive noire sur chaque côté. Les disposer ensuite sur les feuilles de laitue. Ces paniers joliment décorés sont généralement servis comme hors-d'oeuvre.

Salade de Fenouil "Elbesbach"

pour 4 à 6 personnes

2 à 3 têtes de fenouil
1/4 tasse d'huile pour salade
1/4 cuillerée de poivre blanc

2 à 3 branches de verdure de fenouil
1 citron (ou 1/4 tasse de vinaigre)
une pincée de sel

Rincer le fenouil, le découper en quartiers assez fins dans le sens de la longueur. Préparer une vinaigrette avec les ingrédients et les épices indiqués. Mélanger le tout et décorer de verdure de fenouil finement découpée.
Peut aussi être consommé nature, sans assaisonnement. On l'accompagne généralement de boissons alcoolisées.

Le fenouil est une plante aromatique, à feuilles divisées en fines lanières, se terminant en tiges garnies de verdure: un légume délicat au goût d'anis.

Salade de Concombres

pour 4 à 6 personnes

5 à 6 concombres
1 citron (ou 1/4 tasse de vinaigre)
4 à 5 gousses d'ail émincées
1/2 cuillerée de marjolaine

1/2 cuillerée de poivre blanc
1/4 tasse d'huile d'olive
Sel (au goût)

Rincer les concombres, les trancher sans les peler. Ajouter l'ail et la marjolaine en poudre. Assaisonner d'huile, de jus de citron (ou vinaigre), poivre et sel.
La marjolaine peut être remplacée par la menthe fraîche.

Petits Piments Piquants

1 kg de piments piquants
1/2 tasse d'huile
1 tasse de vinaigre

5 à 6 gousses d'ail
1 cuillerée de sel
Huile pour friture

Rincer les petits piments et les fendiller après les avoir bien séchés. Faire frire légèrement en les retournant de chaque côté.
Les placer ensuite dans un bocal en couches superposées.
Verser entre chaque couche la préparation d'ingrédients indiqués et garder au réfrigérateur ou dans un endroit sec.

Remarque: Ne pas omettre de fendiller ces petits piments afin d'éviter l'éclatement durant la friture.

La Harissa "Sahkah"

1/2 kg de piments piquants secs
1 1/2 cuillère de cumin
1/2 tasse de vinaigre
1/2 tasse d'huile
1 petite gousse d'ail
1 cuillerée de sel.

Tremper les piments dans l'eau durant 2 heures. Les égoutter et les assécher puis en retirer les graines. Les hacher dans un hachoir à viande ou à l'aide d'un broyeur. Assaisonner et conserver dans un bocal en verre au réfrégirateur. La harissa est utilisée pour relever certains mets ou salades.

Les piments étant piquants, il y a lieu de se protéger les mains avec des gants de cuisine.

Salade de Poivrons Grillés

pour 4 à 6 personnes

1 kg de poivrons verts (doux)
4 à 5 piments piquants
1/2 cuillerée de poivre blanc
1/4 tasse d'huile
4 à 5 gousses d'ail
1/2 tasse de jus de citron
Sel

Faire griller tous les piments en les retournant de chaque côté. Faire attention de ne pas les brûler. Mettre dans une casserole et les recouvrir un moment. Ensuite, les peler, les rincer et les laisser égoutter avant de les couper en fines lanières.
Préparer la sauce, assaisonner en mélangeant le tout.

Salade de Laitue

pour 4 à 6 personnes

Assaisonnement No 1:

1 grosse laitue
3 ou 4 branches de céleri
2 échalotes
1/2 cuillerée de poivre blanc
1/4 cuillerée de sel
1/4 tasse d'huile d'olive
Le jus d'1 citron

Assaisonnement No 2

2 ou 3 gousses d'ail écrasées
1 cuillerée de moutarde
1/2 cuillerée de poivre blanc
1/4 cuillerée de sel
Le jus d'1 citron
1/4 tasse d'huile à salade

Rincer les feuilles de laitue séparément. Les couper en gros morceaux. Émincer finement le céleri et les échalotes.
Arroser de vinaigrette préparée séparément dans un verre ou petit bocal. Servir à la fin du repas.

Salade Cuite "Salada Mt'boukha"

pour 4 à 6 personnes

1 1/2 à 2 kg de tomates mûres
1/2 kg de piments verts (doux)
3 à 4 piments piquants verts
4 à 5 gousses d'ail

1 cuillerée de poivre noir
1/2 cuillerée de piment rouge en poudre
1/4 tasse d'huile
Sel

Dans une casserole, couvrir d'eau bouillante les tomates 5 à 10 mn. Les retirer de l'eau puis les peler et les couper en morceaux avant de les faire cuire, à feu doux, dans l'huile pendant 1h. 30. Remuer de temps en temps pour leur éviter de coller. Pendant ce temps, faire griller les piments (voir recette de piments grillés), les nettoyer et les couper en fines lanières.
Avant que les tomates ne soient complètement cuites y ajouter les piments, l'ail écrasé et les épices. Continuer la cuisson 1h. 30 environ à feu très doux. Remuer constamment jusqu'à évaporation du jus.
Il faut noter qu'après la cuisson, la quantité de salade est diminuée de moitié. Cette délicieuse salade peut être servie chaude ou froide en guise de hors-d'oeuvre ou pour accompagner d'autres mets.

Salade d'Olives et Oranges "Salada de Lim ou Zitoun"

pour 4 à 6 personnes

4 à 5 oranges pulpeuses
100 g d'olives noires salées et ratatinées
3 à 4 gousses d'ail écrasé
1 cuillerée de cumin en poudre

1/4 verre d'huile d'olives
1/2 cuillerée de paprika piquant
 (ou Sahka, voir recette précédente)
Sel

Peler les oranges, les couper en cubes après les avoir débarrassées de l'écorce blanche. Épépiner et les ouvrir en deux. Mélanger dans un saladier.
Préparer la sauce avec les ingrédients donnés et la verser sur le mélange, olives-oranges.
Mettre au frais quelques heures et servir.
Salade très rapide à préparer et aussi très originale.

Cette salade, très riche en couleurs, est principalement appréciée en hiver du fait de ses composants. Au Maroc, on utilisait pour la cuisine une qualité spéciale d'oranges (les bigarades), légèrement amères et acides. Cet arbre, très répandu sur les routes du Nord, était non seulement décoratif mais aussi très utilitaire. Au printemps, l'air embaumé et le ciel bleu ajoutaient une note au pittoresque des "cueilleuses de fleurs d'oranger", perchées sur leurs petites échelles. Elles recueillaient les pétales pour la fabrication de la fameuse "eau de fleurs d'oranger" (Maa Z'her) et la parfumerie.

La ville de Ouezanne, bordée d'innombrables allées d'orangers, est réputée pour ses célèbres pèlerinages au tombeau de Rabbi Amram Ben-Diouan. Les Musulmans respectaient les lieux saints chers au Judaïsme comme grande preuve de tolérance et de bonne foi, ce qui leur était d'ailleurs rendu par les Juifs.

Salade de Radis aux Oranges

pour 4 à 6 personnes

2 à 3 oranges (amères)
1 à 2 bottes de radis
1 cuillère de cumin
1 cuillère de sahka (voir recette)

1/4 tasse d'huile d'olive
1/4 tasse de jus de citron
1/2 cuillerée de sel

Peler les oranges et les découper en cubes. Nettoyer et trancher finement les radis. Mélanger et y ajouter les épices, le jus de citron et l'huile d'olive. Se prépare quelques heures avant le repas.

Salade de Tomates et Piments Grillés

pour 4 à 6 personnes

5 à 6 tomates fermes
5 à 6 piments doux
2 à 3 piments piquants
4 ou 5 gousses d'ail

1/2 cuillerée de poivre blanc
1/4 cuillerée de sel
3 à 4 cuillères d'huile
  (de préférence d'olive ou d'argan)

Rincer les piments et les tomates. Les passer au gril après les avoir bien épongés. Les placer dans une marmite hermétiquement fermée afin que la vapeur facilite le détachement de la peau. Peler délicatement sans rincer les tomates pour garder l'arôme de la grillade. Découper en dés tomates et piments.
Assaisonner d'huile et épicer.

L'huile d'argan est une huile raffinée, extraite de noix d'argan. L'arganier pousse au sud du Maroc. Mélangée à des miettes de pain, cette huile était recommandée aux enfants chétifs.

Salade d'Haricots Frais

pour 4 à 6 personnes

1/2 kg d'haricots verts ou jaunes
1 oignon (gros)
1 citron
1/4 tasse de flocons de persil

1/4 tasse d'huile d'olive
1 cuillerée de poivre blanc
1/2 cuillerée de sel

Bien nettoyer les haricots, les rincer et laisser cuire 30 mn environ, sans trop les ramollir. Les laisser égoutter et refroidir.
Pendant ce temps, émincer les oignons et préparer la vinaigrette.
Mélanger ensuite le tout et parsemer de persil. On la sert froide.

La Ratatouille "Kamfounata"

pour 4 à 6 personnes

- **2 aubergines**
- **2 courgettes**
- **2 oignons (ou 5 à 6 gousses d'ail)**
- **2 ou 3 carottes**
- **2 ou 3 piments verts**
- **3 ou 4 tomates fermes**
- **1/2 tasse de persil finement émincé**
- **1 cuillerée de poivre noir**
- **Huile à friture**
- **Sel**

Éplucher et découper en cubes les légumes. Faire sauter chacun séparément et déposer sur des serviettes en papier afin d'absorber l'huile.
Mélanger le tout délicatement.
Les disposer dans un grand plat après avoir ajouté tous les condiments.
Parsemer de persil.
Cette salade peut être servie chaude ou froide (selon les goûts).
Elle peut également être préparée avec des restes de légumes, d'où son appellation "salade des restes".

Pois-Chiches Bouillis

pour 4 à 6 personnes

- **2 tasses de pois-chiches trempés dans l'eau durant une nuit**
- **1 cuillerée de poivre noir**
- **1 cuillerée de sel**

Faire bouillir les pois-chiches jusqu'à ce qu'ils deviennent tendres.
Laisser égoutter et verser dans un saladier.
Épicer et mettre au réfrigérateur.

Salade de Lentilles "El'âats"

pour 4 à 6 personnes

- **2 tasses de lentilles brunes**
- **2 à 3 branches de céleri émincé**
- **2 gousses d'ail**
- **2 cuillères de coriandre finement coupée**
- **1/2 tasse de vinaigre (ou citron)**
- **1/2 tasse d'huile d'olive**
- **1/2 cuillerée de cumin**
- **1/2 cuillerée de poivre noir**
- **1 cuillerée de sel**

Faire bouillir les lentilles, les égoutter avant d'y ajouter le céleri et la coriandre émincée ainsi que l'ail écrasé, l'huile, le poivre, le cumin et le vinaigre.
Mélanger le tout délicatement pour éviter d'écraser les lentilles.

Salade de Carottes Bouillies

pour 4 à 6 personnes

1 kg de carottes
5 à 6 gousses d'ail
1 cuillerée de cumin
2 cuillerées de sahka
 (voir préparation)

2 citrons pressés
 (ou 1/3 t. de vinaigre)
1/4 tasse d'huile d'olive
1/4 tasse de flocons de persil
Sel

Rincer les carottes et les gratter avec un couteau bien aiguisé sans les éplucher. Les couper en rondelles de 1 à 2 cm d'épaisseur. Dans une casserole, couvrir d'eau et laisser cuire. Pendant qu'elles égouttent et refroidissent, préparer la sauce. Mélanger ensuite le tout dans un saladier et parsemer de persil.
Délicieuse et fraîche, cette salade est appréciée été comme hiver.

Salade d'Aubergines "Zaâlouk"

pour 4 à 6 personnes

2 ou 3 aubergines (moyennes)
6 à 8 gousses d'ail
1/4 tasse de vinaigre
2 ou 3 piments piquants
2 tasses d'eau

1/2 cuillerée de cumin
1/4 tasse d'huile d'olive
1 cuillerée de paprika (doux)
Sel

Rincer sans éplucher les aubergines. À l'aide d'un couteau, faire des entailles où l'on insère l'ail et le piment piquant. La cuisson des aubergines se fait de 2 façons différentes:
• Disposer les aubergines dans une marmite, couvrir de 2 tasses d'eau et laisser cuire 30 mn. Faire égoutter et refroidir.
• Mettre les aubergines dans une passoire placée sur une marmite à moitié pleine d'eau chaude et laisser cuire à la vapeur pendant 1 heure. Ainsi, les aubergines ramollissent tout en gardant leur saveur. Laisser refroidir avant de les écraser à l'aide d'une fourchette. Assaisonner d'ingrédients indiqués en mélangeant bien le tout.

Peut être utilisée pour tartiner du pain ou pour accompagner le couscous, pommes de terre ou riz.

Fèves Vertes Bouillies

1 1/2 kg de fèves fraîches
3 à 4 l. d'eau

1 cuillère de cumin
1 1/2 cuillerée de sel

Éplucher et faire bouillir dans de l'eau salée pendant 1 heure environ. Les égoutter et saupoudrer de sel, cumin et servir froid.

Salade de Fèves Fraîches

pour 4 à 6 personnes

1 1/2 à 2 kg de fèves fraîches
3 ou 4 gousses d'ail
1/2 tasse de flocons de coriandre
  fraîche
1/4 tasse de vinaigre
2 cuillerées de cumin
1/4 tasse d'huile d'olive
Sel

Éplucher les fèves et les faire bouillir dans de l'eau salée jusqu'à les rendre tendres. Égoutter et laisser refroidir. Émincer la coriandre et écraser l'ail puis mélanger le tout en ajoutant tous les autres condiments. Cette salade est meilleure froide.

Salade de Poireaux

pour 4 à 6 personnes

1 kg de poireaux
1/4 tasse d'huile
1/2 cuillerée de poivre blanc
3 à 4 branches de persil
1 citron pressé
1 jus de citron
  (ou 1/4 tasse de vinaigre)
3 ou 4 gousses d'ail écrasées
une 1 cuillère de moutarde
Sel

Couper les queues des poireaux avant de les laver soigneusement pour en enlever tout le sable. Les couper ensuite en deux dans le sens de la longueur et les mettre à bouillir dans l'eau salée. Faire égoutter et laisser refroidir. Les disposer sur un plat, de préférence ovale puis les parsemer de persil émincé.
Préparer la sauce en mélangeant tous les ingrédients. Bien la travailler afin qu'elle soit épaisse. La verser sur les poivreaux 1 heure avant de servir.

Salade de Betteraves

pour 4 à 6 personnes

1 kg de betterave
1 1/2 cuillerée de cumin
1/4 de tasse d'huile
1/4 de tasse de flocons de persil
Le jus de 2 citrons
  (ou 1/3 de tasse de vinaigre)
Sel

Laver la betterave sous le robinet en frottant sans l'éplucher. Mettre dans une casserole, couvrir d'eau et faire cuire 1h. 30 (ou 30 mn à la cocotte-minute).
Laisser égoutter, peler et trancher à l'aide d'un couteau de décoration.
Ajouter les épices, l'huile, le citron (ou le vinaigre) et mélanger.
Parsemer de persil.

Salade de Chou-Fleur "Dilcorneflor"

pour 4 à 6 personnes

1 chou-fleur moyen
1 cuillère de câpres
4 à 5 gousses d'ail
4 ou 5 branches de persil
1/4 cuillerée de poivre blanc
1 cuillère de mayonnaise maison

1 cuillère de moutarde
1/2 tasse de jus de citron
  (ou 1/4 t. de vinaigre)
1/4 cuillerée de moutarde en poudre
1/2 cuillerée de sel

Séparer le chou-fleur en petits bouquets et faire bouillir dans de l'eau salée 30 mn. Laisser égoutter et refroidir. Dans un grand plat, disposer les bouquets de façon à reconstituer le chou-fleur.
Préparer la vinaigrette avec tous les ingrédients indiqués, assaisonner et parsemer de câpres.

Salade de Blettes "Selk"

pour 4 à 6 personnes

1 kg de blettes
1 cuillère de cumin
4 à 5 gousses d'ail
2 à 3 cuillères d'huile

2 cuillerées de sahka (voir préparation)
  ou piments rouges
Le jus de 2 citrons
Sel

Nettoyer et couper finement les blettes. Couvrir d'eau dans une grande marmite en y ajoutant une poignée de gros sel ou 2 cuillères de vinaigre, puis laisser tremper 10 mn., égoutter. Verser l'huile dans une poêle à frire et faire cuire à feu doux. Une fois bien tendres, les retirer du feu et laisser refroidir.
Préparer pour finir les ingrédients et assaisonner.

Salade de Pommes de Terre

pour 4 à 6 personnes

1/2 kg de pommes de terre
1 cuillère de câpres
2 ou 3 échalotes
1 ou 2 citrons marinés

1/2 tasse d'olives émincées
1/4 tasse d'huile d'olive
1/2 cuillerée de poivre blanc
Sel

Bien rincer les pommes de terre et les faire cuire, sans les éplucher, dans de l'eau salée. Après avoir laissé égoutter, les peler et les couper en dés.
Émincer les échalotes, les citrons marinés et les olives.
Préparer l'assaisonnement et mélanger le tout. Servir froid.

Artichauts Farcis aux Oeufs

pour 4 à 6 personnes

8 à 10 artichauts

Farce:
5 oeufs durs
2 cuillères de câpres
1 citron mariné
1/4 de tasse de flocons de persil
2 cuillères de farine
sel

Sauce:
4 à 5 cuillères d'huile
3 ou 4 gousses d'ail
1/2 cuillère de moutarde
1/2 cuillerée de poivre blanc
1/4 de tasse de vinaigre
1 cuillère de mayonnaise

Effeuiller l'artichaut, vider le coeur, tremper sans attendre dans le jus de citron pour leur éviter de noircir, faire bouillir pendant 30 mn. dans l'eau additionnée des 2 cuillères de farine.
Préparation de la farce: Couper grossièrement les oeufs durs, émincer le citron mariné, mélanger avec les câpres et le sel et farcir les coeurs d'artichauts avec cette préparation. Disposer dans un plat de service, préparer l'assaisonnement, arroser et parsemer de persil.

Artichauts à la Moutarde "Elkok Bilmoustaza"

pour 4 à 6 personnes

8 à 10 artichauts
2 cuillères de moutarde
3 à 4 gousses d'ail
1/4 de tasse d'huile d'olive

2 citrons
1/2 cuillerée de poivre blanc
1/4 de cuillerée de sel

Laver les artichauts, couper les trognons, ôter les premières feuilles et mettre à cuire dans de l'eau salée. Laisser égoutter et refroidir. Pendant ce temps, préparer la sauce avec tous les condiments, la verser dans une saucière et servir séparément avec les artichauts.

La Mayonnaise

6 jaunes d'oeufs
1/2 à 3/4 litre d'huile
5 à 6 cuillères de jus de citron
2 à 3 gousses d'ail

2 cuillères de vinaigre
1 cuillerée de poivre blanc
1 cuillerée de sel

Mettre les jaunes d'oeufs dans un bol profond. Tout en les mélangeant au mixeur, verser l'huile par petites quantités jusqu'à obtenir un mélange assez épais et homogène. Toujours en les travaillant, ajouter graduellement l'ail écrasé, le poivre, le sel et le vinaigre.
Remarque: Si l'on veut une mayonnaise bien relevée, il suffit d'ajouter une cuillerée de moutarde.

Les appareils ménagers n'existant pas encore à l'époque, on s'appliquait, toujours avec succès d'ailleurs, à faire sa mayonnaise à l'aide d'une demi-patate piquée à une fourchette.

Les Marinades de Légumes et Fruits

Avant chaque repas, en guise d'amuse-gueule, on servait des variantes accompagnées de boissons fortes. Ajoutées à la diversité des salades, les variantes constituaient un complément riche. Tout au long de l'année, selon les saisons, les légumes pouvaient être marinés séparément ou mélangés à d'autres. Pour les conserver, on utilisait des jarres en argile. Adjacent à la cuisine, il y avait un petit débarras appelé "Kantor" où l'on stockait ces jarres de marinades. Evidemment, il était possible de trouver sur le marché toutes sortes de variantes toutes prêtes mais il n'était jamais venu à l'idée de la maîtresse de maison d'en acheter.

Choisir des légumes frais sans défectuosité, rincer et ranger dans un bocal. Faire un mélange d'eau et de sel, diluer soigneusement le sel avant de verser cette préparation sur les légumes, remplir le bocal et recouvrir le dessus de feuilles de vigne. Pour les sortir du bocal une fois prêts, se servir d'une cuillère en bois ou autre, ne pas toucher avec les mains. (Une cuillère rase de sel pour 1 tasse d'eau).

Une recette de grand'mère pour savoir si la quantité de sel est suffisante: Dans la préparation d'eau et de sel, poser délicatement un oeuf frais, pas fêlé. Si l'oeuf flotte, la quantité de sel est suffisante mais si l'oeuf reste au fond, ajouter du sel. J'ai souvent mis à l'épreuve cette dernière recette et je n'ai jamais été déçue.

Câpres Marinés "Elkpar"

1 tasse de câpres
1 tasse de vinaigre
1 tasse d'eau

6 à 8 grains de poivre
1 cuillère plate de sel

Mettre les câpres dans un bocal rempli d'eau, la changer tous les jours durant 3 jours pour en supprimer leur goût amer. Mélanger tous les ingrédients indiqués, et verser sur les câpres. Fermer le bocal hermétiquement et garder un mois avant leur consommation.
Se vendent sur le marché marinées ou à l'état naturel.

Le câprier est un arbuste épineux dont les boutons floraux fournissent des câpres servant de condiment. Il pousse entre les pierres murales. On le rencontre également dans les champs sauvages. Les câpres sont cueillies au printemps avant l'éclosion des fleurs.
Il est nécessaire de prendre certaines précautions avant la cueillette à cause de leurs épines.

Les Variantes "T'tiah Emkouyoum"

1/4 kg de carottes
1/4 kg de concombres
1/4 d'haricots verts effilés et coupés
1/4 kg de tomates vertes coupées en 4
4 à 5 poivrons forts coupés en gros morceaux
2 ou 3 citrons écorcés et coupés en tranches

1 chou-fleur coupé en petits bouquets
2 ou 3 branches de céleri
3 à 4 litres d'eau
1 cuillère de sel par tasse d'eau
1/4 tasse d'huile
1/4 tasse de vinaigre

Couper les carottes et les concombres en rondelles, laver tous les légumes, les empiler dans un bocal, couvrir d'eau salée, ajouter quelques feuilles de vigne pour en activer la préparation et éviter la moisissure, ajouter l'huile et le vinaigre. Consommer après 10 à 15 jours.
Même recette pour mariner du céleri.

Artichauts Marinés

10 à 15 coeurs d'artichauts
1 kg de carottes
2 citrons pelés

1 tasse d'huile
1 cuillère de sel par verre d'eau.

Rincer les coeurs d'artichauts et les couper en 4, laver les carottes et les couper en lanières, couper les citrons en gros cubes, diluer le sel dans l'eau. Dans un bocal, disposer en couches superposées, les coeurs d'artichauts, les carottes et les cubes de citrons.
Couvrir le tout d'eau salée, ajouter l'huile et fermer hermétiquement le bocal.
Attendre 3 semaines à 1 mois avant de consommer.

Page de gauche: En haut à gauche, Soupe de pois chiches et Courge rouge, à droite la Soupe Veloutée (hrira), en bas à gauche Soupe de lentilles, (recettes en pages 53, 49, 34).
Page suivante: Les légumes utilisés pour la cuisine marocaine.

Carottes Marinées "Khizo Mtiyeh"

1/2 ou 1 kg de carottes
2 citrons
1/4 tasse d'huile
1 cuillère plate de sel par tasse d'eau.

Laver les carottes, les éplucher, les couper en morceaux (1 cm d'épaisseur), les tasser dans un bocal jusqu'au tiers. Écorcer les citrons, les trancher, les ajouter aux carottes en continuant de les empiler, arroser d'huile. Diluer le sel dans l'eau et en recouvrir les carottes. Fermer hermétiquement le bocal. Au bout de 8 à 10 jours, les carottes sont prêtes à être consommées.

Citrons Marinés

2 kg de citrons
100 à 150 g de sel fin (environ 1 verre)
100 g de paprika
1/2 tasse d'huile
Jus de citron naturel
   (pour couvrir les tranches)

Laver les citrons, les éponger sans en enlever l'écorce, les couper en tranches. Mélanger le paprika et le sel, en enduire chaque tranche. Les disposer dans un bocal en verre en couches superposées. Fermer hermétiquement le bocal durant 3 jours jusqu'à réduction du jus des tranches. Le 3ème jour, ajouter le jus jusqu'au bord du bocal puis l'huile afin que les citrons ne noircissent pas. Au bout de 10 à 14 jours, ils sont prêts à la consommation.

Citrons Marinés pour Cuisson

2 kg de citrons
6 cuillères rases de gros sel
1/2 tasse d'huile
Jus de citron et eau

Fendiller les citrons en 4 sans en détacher les morceaux, insérer dans chaque fente du gros sel (soit 1/4 de cuillerée par citron), empiler, serrer les citrons dans un bocal et alourdir avec un poids (pour tasser les marinades, on emploie des pierres assez larges et lisses). Conserver un mois au frais. Après 3 ou 4 jours, les citrons lâchent un peu de leur jus, ajouter alors l'autre jus de citron, l'eau ainsi que l'huile, afin de prévenir la moisissure.
Les citrons marinés sont excellents pour le poisson cuit, volaille ou encore pour relever des salades. Il est conseillé d'utiliser des citrons jaunes et juteux. En profiter durant la pleine saison.

Poivrons Verts Marinés

1 kg de poivrons verts
1/4 kg de piments piquants
3 ou 4 tranches de citron
4 à 5 cuillères de sel de table

Laver les poivrons, les couper en 4 dans le sens de la longueur sans en enlever la queue, entasser dans un bocal, ajouter le sel dilué dans l'eau, couvrir la surface de tranches de citron, fermer hermétiquement le bocal. Après 6 à 8 jours, les poivrons sont marinés à point (leur couleur tourne au jaune clair). Les poivrons forts peuvent être marinés de la même façon.

Photo de gauche: en haut: aubergines farcies, à droite: courgettes farcies, à gauche: boulettes de viande avec céleri et petits pois (les recettes en pages 59, 59, 58).

Aubergines Marinées "Bdiljane"

1 kg de petites aubergines
1 coeur de céleri
1 gousse d'ail
3 ou 4 poivrons verts (piquants)
1 cuillère de cumin
3 cuillerées de sahka
 (voir préparation)
Vinaigre (1/3 de la densité du bocal)
Eau (2/3 de la densité du bocal)
2 cuillères de sel

Laver les aubergines, les cuire dans l'eau additionnée d'une cuillère de sel, égoutter et refroidir. Pratiquer des entailles sur les côtés sans en détacher les morceaux, hacher les poivrons, l'ail et le céleri, ajouter la sahka plus une cuillère de sel, mélanger le hachis, en enduire les aubergines et l'intérieur des entailles puis les refermer en les serrant. Les tasser dans un bocal en verre, ajouter l'eau, le vinaigre et le restant d'épices, fermer hermétiquement. Consommer après 24 heures.

Olives en Conserve

Le Maroc est un pays riche en oliviers. On s'en sert pour toutes sortes d'utilisations. Le marché "Souk" des olives était assez pittoresque: Dans un terrain vague, on étalait de grands nattes sur lesquelles s'entassaient des amas d'olives. La vente se faisait par mesures des paniers en paille de 4 à 5 kg. Il existe 3 sortes d'olives: les vertes, les noires et les violettes. Pour chaque catégorie, le goût et le mode de marinade sont différents. Il est préférable d'acheter chaque catégorie séparément, mais on en trouve également mélangées, il suffira de les séparer selon la couleur. La récolte d'olives se fait peu de temps après "Soukot". Les olives vertes apparaissent surtout en automne alors que les violettes et les mélangées en fin de saison. Vers la fin de l'année, peu avant Hanouka, mûrissent les olives noires.
Tremper les olives 3 jours dans l'eau. Renouveler cette eau tous les jours. En fin de préparation, les conserver dans un bocal en verre hermétique, placé dans un endroit sec et sombre. Les olives accompagnent aisément les viandes, utilisées en salades ou encore nature.

Olives Noires Desséchées

2 kg d'olives noires
1 tasse d'huile d'olives
4 à 5 litres d'eau bouillante
2 1/2 tasses de gros sel
1 panier d'osier
 (ou un grand égouttoir)

Rincer les olives à l'eau bouillante. Ajouter 1/2 tasse d'huile, le sel et laisser égoutter dans le panier (ou l'égouttoir). Poser par-dessus 2 grosses pierres ou un objet très lourd, recouvrir d'un linge (placer en-dessous un plat pour recueillir le liquide rejeté par les olives). Laisser ainsi 1 à 2 semaines jusqu'à dessèchement complet des olives (aérer puis mélanger de temps en temps). Après ce laps de temps, ôter le surplus de sel, étaler les olives sur des tôles et exposer au soleil 2 jours, mélanger de temps à autre. Enduire généreusement d'huile et empiler dans des bocaux (en verre) hermétiques. Consommer après 24 heures.
Ces olives, savoureuses, relèvent certains types de salades ou encore sont présentées comme "amuse-gueules".

Olives Marinées au Vin

1 kg d'olives de couleur "violet"
1/2 tasse d'huile d'olive
4 tasses de vin rouge (acide)
4 à 5 cuillères de gros sel
1 à 2 cuillerées de sel de table

Pratiquer des entailles sur les côtés des olives à l'aide d'un couteau aiguisé, les tremper 3 jours, rincer et changer l'eau tous les jours. Les entasser dans un bocal, couvrir d'eau salée avant de fermer hermétiquement. Après 1 mois, les faire égoutter, remettre dans le bocal, ajouter l'huile, le vin, le sel de table et refermer le bocal. Attendre 2 à 3 semaines avant de consommer.

Olives au Citron

1 kg d'olives variées
4 à 5 cuillères de sel (gros)
1 tasse de citrons marinés émincés
1/2 tasse d'huile d'olives
1 cuillère de sel de table

Voir recette précédente pour la préparation des olives. Ajouter l'huile, les citrons émincés, le sel de table et mélanger le tout puis entasser dans un bocal et fermer hermétiquement. Attendre un mois avant de consommer.

Olives à la Sauce Rouge Piquante

1 kg d'olives noires desséchées (voir recette)
200 g de piments rouges secs hachés
2 citrons marinés
1 cuillère de sel de table

Émincer les citrons marinés, ajouter l'huile et les piments hachés. (La sahka peut remplacer les piments). Mélanger le tout avec les olives, entasser dans un bocal, fermer hermétiquement et attendre 24 heures avant de consommer.

Olives Cassées

1 kg d'olives vertes
5 à 6 tasses d'eau
2 citrons
1/4 tasse d'huile (de préférence huile d'olive)
2 poivrons verts (piquants)
Quelques feuilles de vigne
5 à 6 cuillères de sel

Casser les olives à l'aide d'une pierre plate (ne pas écraser), les plonger dans un récipient plein d'eau 3 jours, changer l'eau tous les jours. Le 4ème jour, diluer le sel dans l'eau. Disposer dans un bocal, en couches superposées, les olives, les morceaux de citrons, les morceaux de piments et recouvrir d'eau salée. Ajouter une poignée de sel, l'huile, les feuilles de vigne puis fermer hermétiquement le bocal. Attendre 1 à 2 mois avant de consommer. Cuites en "tajine", elles sont succulentes.

Les Soupes

Les soupes sont généralement préparées en hiver surtout pour le repas du soir. Au Maroc, on préparait deux repas par jour: celui du midi et celui du soir. La soupe tenait lieu de repas complet. Si elle contenait une assez grande quantité de viande, celle-ci était servie, accompagnée de salades et c'est après que suivait la soupe.

Les soupes étaient composées de féculents ou de légumes ou parfois des deux à la fois. La plus riche des soupes contenant le plus de légumes est la "HARIRA", recette empruntée aux musulmans du Maroc.

Deux sortes de soupes spécifiques: la soupe aux lentilles du 9 AV (Toussaint juive) et bouillon aux oeufs à Kippour (Jour du Grand Pardon). À Pessah par contre, c'est la soupe aux fèves vertes. Cette dernière soupe pouvait également être préparée et consommée après Pessah mais elle n'avait jamais le même arôme printanier qui s'en dégageait. Toutes les soupes étaient enrichies d'os à moelle et le père partageait cette moelle entre tous les membres de la famille. Les petits étaient servis en premier, (la moelle contribuait à solidifier leurs petits genoux).

Remarque: Il est préférable d'ajouter les épices et la coriandre juste peu de temps avant la fin de la cuisson.

Soupe aux Légumes "Merk Delkhdaré"

pour 6 à 8 personnes

1/2 kg de viande
3 pommes de terre moyennes
3 carottes
2 navets
3 ou 4 branches de céleri
1 courgette
1/2 tasse de coriandre émincée
1 oignon
2 poireaux

3 ou 4 os à moelle
3 à 4 litres d'eau
1 ou 2 cuillères de semoule

Épices:

1/2 cuillerée de poivre
2 ou 3 cuillères d'huile (facultatif)
1/4 de cuillerée de curcuma
Sel

Éplucher, rincer, émincer tous les légumes, les mettre dans une marmite profonde, ajouter l'eau, la viandre et les os.
Faire cuire, passer à la moulinette, remettre dans la marmite, ajouter la coriandre, les épices, la semoule et porter à ébullition 15 mn.
La coriandre garde sa saveur naturelle.

Soupe Veloutée "Hrira"

pour 8 à 10 personnes

1 kg de viande (un peu grasse)
  coupée en dés
3 à 4 os à moelle
1 tasse de lentilles
1 tasse de pois-chiches
2 tasses de sauce tomate fraîche
1/2 tasse de farine
1/2 tasse de jus de citron frais
4 à 5 litres d'eau

1 tasse de vermicelles
1 céleri entier
1 botte de persil
1 botte de coriandre
3 oignons
1 1/2 cuillerée de poivre noir
1/2 cuillerée de curcuma
Sel

Tremper les pois-chiches toute une nuit, peler la peau, émincer le céleri, l'oignon et rincer. Dans une grande marmite, mettre la viande, les os, les pois-chiches, les lentilles et couvrir d'eau. Faire revenir séparément l'oignon, les tomates, le céleri et les incorporer au reste. Faire cuire le tout 2 heures à feu doux. Diluer la farine dans une tasse d'eau et l'ajouter avec les vermicelles, le persil, la coriandre et le sel.
Après 30 mn de cuisson, verser le jus de citron et continuer la cuisson encore 15 mn.
Remuer de temps à autre pour bien diluer la farine qui a tendance à coller au fond de la marmite.
La soupe ainsi obtenue est assez épaisse. On pourra la rendre plus légère, en y ajoutant un peu d'eau (selon les goûts).

Typiquement marocaine, la Hrira est généralement préparée en grande quantité pour les soirées d'hiver. Elle est servie dans des bols en terre cuite. Son origine remonte aux arabes marocains qui la consomment durant tout le mois de Ramadan.

Bouillon de Poulet aux Oeufs

pour 6 à 8 personnes

1 poulet
3 oeufs
3 à 4 cuillères d'huile
1/2 cuillerée de poivre blanc

1/4 de cuillerée de curcuma
 (ou une pointe de safran)
3 litres d'eau
Sel

Faire bouillir le poulet dans l'eau salée relevée d'ail écrasé. Une fois tendre, le retirer, battre les oeufs, les ajouter avec les épices au bouillon, porter à ébullition. Laisser 5 mn à feu doux tout en remuant pour dissoudre les granulés d'oeufs. Servir le bouillon très chaud. Le poulet, préalablement doré au four, accompagné de petites pommes de terre sautées, sera servi comme plat principal.

Soupe aux Tomates et Oignons

pour 6 à 8 personnes

1/2 kg de viande
6 oignons
6 tomates
3 ou 4 pommes de terre
3 ou 4 carottes
3 ou 4 os à moelle

1 cuillerée de poivre noir
1/4 cuillerée de curcuma
3 à 4 litres d'eau
3 à 4 cuillerées d'huile
Sel

Peler, émincer oignons et tomates, les faire revenir légèrement, ajouter les pommes de terre coupées en dés et les carottes en 3, couvrir d'eau et faire cuire à feu doux 4 à 5 heures après avoir ajouté l'huile. Saler et épicer 1 heure avant la fin de la cuisson. La soupe devra être épaisse et de couleur marron.

Soupe au Chou

pour 6 à 8 personnes

1/2 kg de viande, 3 ou 4 os à moelle
1 chou de taille moyenne
3 ou 4 oignons frais
Échalotes
1 cuillerée de poivre noir

1/4 cuillerée de curcuma
3 à 4 litres d'eau
3 à 4 cuillères d'huile
Sel

Émincer le chou, les échalotes, faire revenir dans l'huile, ajouter l'eau et laisser cuire à petit feu 3 à 4 heures. Soupe conseillée surtout durant les fêtes de "Pessah", alors que les oignons frais se vendent sur le marché. Leurs tiges vertes sont utilisées dans la préparation des omelettes.

Remarque: Porter le chou à ébullition avant de le faire cuire afin d'atténuer sa forte odeur.

Soupe au Riz

pour 6 à 8 personnes

1 tasse de riz
2 oignons
2 tomates pelées
1/2 tasse de coriandre émincée
1/2 cuillerée de poivre noir

1/4 cuillerée de curcuma
1/4 tasse d'huile
3 litres d'eau
3 à 4 os à moelle (ou 1/2 kg d'ailes de poulet)
Sel

Émincer les oignons, les laver, les faire revenir dans l'huile, ajouter les tomates coupées en petits cubes, les os à moelle (ou les ailes de poulet), le riz rincé, les épices et faire dorer le tout. Couvrir d'eau, laisser cuire 2 heures. Quelques minutes avant la fin de la cuisson, ajouter la coriandre émincée. La soupe doit être onctueuse.

Soupe aux Pommes de Terre

pour 6 à 8 personnes

3 ou 4 os à moelle
1/2 kg de viande
5 ou 6 pommes de terre
1/4 tasse de coriandre émincée

1/2 cuillerée de poivre blanc
1/4 cuillerée de curcuma
3 litres d'eau
Sel

Éplucher, rincer les pommes de terre sans les couper, les mettre dans une marmite en y ajoutant la viande et les os. Après la cuisson, écraser les pommes de terre en purée, ajouter les épices, la coriandre et porter à ébullition 30 mn. La soupe devra être veloutée.

Soupe aux Fèves Fraîches de Pessah

pour 6 à 8 personnes

1 kg de viande
1 kg de fèves fraîches
3 ou 4 pommes de terre
2 poireaux
3 à 4 litres d'eau
2 oignons frais
2 carottes

2 navets
2 ou 3 branches de céleri
1/2 tasse de coriandre émincée
1 cuillerée de poivre blanc
1/4 cuillerée de curcuma
Sel

Éplucher, laver, couper tous les légumes en dés à l'exception des fèves qui doivent être dépourvues de leur double peau et faire cuire dans l'eau. Une fois bien tendres, les passer à la moulinette ou les écraser à l'aide d'une fourchette. Incorporer les épices et la coriandre, remettre à cuire 30 mn. Cette soupe a meilleur goût à Pessah car après les premières récoltes du printemps, les légumes sont encore bien frais.

Soupe de Fèves Sèches au Cumin "Bessara"

pour 6 à 8 personnes

2 tasses de fèves sèches
1/4 tasse d'huile d'olive
4 à 5 gousses d'ail
1 cuillère de sahka (voir recette)
 ou piment rouge en poudre (doux)
1 cuillère de cumin
3 litres d'eau
Jus d'1 citron
1/4 cuillerée de curcuma
Sel

Tremper les fèves durant une nuit. Leur ôter la peau brune, ajouter l'ail, le sel, le curcuma, la sahka ou piment rouge, faire cuire dans l'eau 2 heures, passer à la moulinette. Avant la fin de la cuisson, ajouter le jus de citron et le cumin. S'accompagne de croûtons. Avant de servir, ajouter un peu d'huile d'olive dans chaque bol.

Remarque: On trouve sur le marché des fèves sèches déjà pelées.

Soupe de Pois Cassés

pour 6 à 8 personnes

1 1/2 à 2 tasses de pois cassés
3 ou 4 branches de céleri
1 oignon (moyen)
1 cuillerée de poivre noir
Quelques croûtons de pain sec
4 à 5 cuillères d'huile
3 litres d'eau
Sel

Émincer et faire revenir l'oignon dans l'huile. Ajouter le céleri émincé, l'eau et les pois cassés, faire cuire 2 heures, épicer et servir avec des croûtons.

Soupe Sure

pour 6 à 8 personnes

1/2 kg de viande grasse
2 à 3 os à moelle
3 à 4 pommes de terre
1 tasse de coriandre émincée
4 à 5 gousses d'ail grossièrement coupé
2 tasses de blettes coupées
1/4 cuillerée de curcuma
1 cuillerée de poivre noir
1/2 tasse de jus de citron naturel
3 litres d'eau
1/2 cuillerée de sel

Mettre dans une marmite profonde tous les légumes émincés, les pommes de terre en dés, la viande et les os, faire revenir légèrement, ajouter les épices et l'eau. Laisser cuire 2 heures. 15 mn avant la fin de la cuisson, verser le jus de citron.

Soupe de Pois-Chiches et Potiron

pour 6 à 8 personnes

- 1/2 kg de viande (un morceau pour pot-au-feu ou plat-de-côtes)
- 3 à 4 os à moelle (facultatif)
- 1/2 kg de potiron (courge rouge)
- 1 tasse de pois-chiches (avant trempage)
- 1 cuillerée de cannelle en poudre
- 2 ou 3 branches de céleri
- 1 cuillerée de sucre
- 1/4 cuillerée de gingembre moulu
- 1/4 cuillerée de curcuma
- 1/2 cuillerée de poivre noir fraîchement moulu
- 1/4 de verre de cerfeuil finement haché
- 3 litres d'eau environ
- 1/2 cuillère de sel

La veille, faire tremper les pois-chiches dans un récipient rempli d'eau en quantité suffisante pour recouvrir tous les grains (triplent de volume après le trempage). Débarrasser les pois-chiches de la fine pellicule qui les recouvre et les mettre à cuire 2 heures environ (la cuisson en auto-cuiseur peut réduire de beaucoup le temps de préparation et faciliter la réalisation de cette soupe). Éplucher le potiron et le faire bouillir avec les branches de céleri. Passer le potiron et les pois-chiches au moulin à légumes (grille fine), ajouter les épices et la viande. Remettre sur le feu, continuer la cuisson jusqu'à obtention d'une consistance épaisse et veloutée, incorporer le cerfeuil les 10 dernières minutes. Il est possible de rallonger la soupe et de modifier l'assaisonnement, selon les goûts.

Remarque: Il existe 2 façons de débarrasser les pois-chiches de leur pellicule:

- Étaler un torchon propre sur la table. Déposer au centre une ou deux poignées de pois-chiches trempés. Replier les 4 extrémités afin de recouvrir les grains. Prendre un rouleau à pâtisserie et écraser légèrement avec pression. La peau se détache d'elle-même.

- Ajouter à l'eau bouillante une cuillerée de bicarbonate de soude. Jeter les pois-chiches et porter à ébullition quelques minutes. Une fois tièdes, les frotter entre les deux paumes, la fine peau se détache aisément. Rincer abondamment.

Soupe aux Blettes "Potakhé"

pour 6 à 8 personnes

- 1 kg de blettes
- 1 tasse d'haricots blancs (ou pois-chiches)
- 1 cuillerée de cumin
- 4 à 5 gousses d'ail
- 1/4 tasse d'huile
- 1/4 tasse jus de citron
- 3 litres d'eau
- Sel

Tremper les haricots blancs la veille. Faire cuire dans l'eau, ajouter le sel, l'ail, l'huile et le cumin. Laver, nettoyer, couper les blettes et les incorporer aux haricots jusqu'à ce que le tout devienne tendre.
Quelques minutes avant la fin de la cuisson, verser le jus de citron.

Soupe aux Lentilles

pour 6 à 8 personnes

2 tasses de lentilles
3 ou 4 branches de céleri
1 oignon
1/2 cuillerée de cumin

1/2 cuillerée de poivre noir
3 litres d'eau
1/4 tasse d'huile
1 cuillerée de sel

Nettoyer, rincer et mettre à égoutter les lentilles. Émincer l'oignon, le céleri et faire revenir dans l'huile. Ajouter les lentilles, l'eau, épicer, laisser cuire 1 1/2 h. environ. Réduire le temps de cuisson si l'on se sert d'une cocotte-minute.

Soupe de Semoule "L'hso"

pour 6 à 8 personnes

1 tasse de semoule
1/4 tasse de coriandre
3 litres d'eau
1/4 tasse d'huile

1 cuillerée de poivre noir
3 ou 4 gousses d'ail
Sel

Verser dans une marmite l'eau, l'huile, le sel et porter à ébullition. Ajouter la semoule par petites quantités (verser en pluie) tout en remuant afin d'éviter les grumeaux. Laisser cuire sans recouvrir 30 mn. Ajouter la coriandre émincée, l'ail écrasé et les épices. Cuire à feu doux. A tendance à épaissir, dans ce cas, la rallonger selon les goûts. La servir chaude.

Les Légumes Farcis et Tajine

Les légumes tiennent une place importante dans les repas quotidiens. Il n'existe pratiquement pas de mets sans légumes. Le légume accompagne les boulettes, les cubes de viande ou l'oeuf poché. Ils sont consommés au Maroc en très grandes quantités, vu leur abondance.

Les marchés étaient gais, colorés et animés. Ils étaient conçus en secteurs; celui des bouchers, des poissonniers, marchands de fruits frais ou secs, et maraîchers. A l'entrée, des porteurs assis, munis de très grands couffins, attendaient d'être hêlés par les clients, ce qui ne tardait pas d'ailleurs. En échange de quelques sous, ils portaient toutes les emplettes à domicile. On les appelait "Talb Mâaso", qui veut dire "Quémander son gagne-pain".

Remarque: Dans les recettes qui suivent, apparaissent les légumes accompagnant les boulettes de viande. La recette de la préparation du hachis de viande est incluse dans le chapitre des viandes. Cependant, tout légume peut être préparé sans viande.

Céleri aux Boulettes   "Krafs Belkouaré"

pour 4 à 6 personnes

- 1/2 kg de hachis de viande (voir recette)
- 1 1/2 kg de céleri
- 1 tomate mûre
- 1/4 cuillerée de curcuma
- 1/2 cuillerée de poivre noir
- 1/2 citron
- 1/4 tasse d'huile
- 4 tasses d'eau
- 1/2 cuillerée de sel

Nettoyer, couper le céleri dans le sens de la longueur puis en morceaux de 6 à 8 cm., y compris les feuilles. Rincer, tremper dans l'eau salée (ou eau vinaigrée) 10 mn. Égoutter et mettre dans une casserole, verser l'eau et faire bouillir 30 mn (jusqu'à ce que les légumes soient bien tendres). Jeter le bouillon ou n'en conserver qu'une tasse. Ajouter la tomate, épicer et faire revenir le tout 15 mn. Préparer les boulettes de viande et les disposer sur les légumes, laisser cuire 1 heure à feu doux. Aux 15 dernières minutes, verser le jus de citron. Servir chaud ou froid.

Remarque: Si l'eau de cuisson est amère, la jeter en entier et la remplacer par une tasse d'eau fraîche.

Cardes farcies   "Elkharchouf Maâmar"

pour 4 à 6 personnes

- 1 1/2 kg de cardes
- 1/2 kg de viande hachée (voir recette originale)
- 2 à 3 oeufs de taille moyenne
- 1 verre de farine
- Huile de friture
- 1/4 tasse de persil haché
- 2 cuillerées de farine
- 4 à 5 gousses d'ail
- 1 citron
- 1 à 2 verres d'eau
- 1/4 de cuillerée de curcuma
- 1/2 cuillerée de poivre noir moulu
- 1/2 cuillerée de sel

Acheter des cardes jeunes et fraîches. Veiller à ce qu'elles ne soient pas trop grandes ni trop épaisses (autrement, elles sont filandreuses et dures à cuire). La meilleure qualité est celle qui est violacée, de taille moyenne).
Nettoyer les tiges de la façon suivante: débarrasser la branche de ses feuilles qui ne sont pas comestibles. Séparer la branche du coeur et bien nettoyer, c'est-à-dire retirer les fines pellicules qui en recouvrent l'intérieur en les tirant délicatement vers le haut ainsi que les fils de l'extérieur. Couper en tronçons de 10 cm de long environ. Tremper dans une bassine d'eau additionnée de jus de citron, ou 3-4 cuillerées de vinaigre pour leur éviter de noircir en cours de préparation. Faire bouillir 1h environ dans une marmite d'eau additionnée de 2 cuillerées de farine afin de conserver la couleur des branches. Mettre à égoutter dans une passoire. Préparer la farce selon la recette de base. Prendre 3 ou 4 tronçons de cardes (suivant leur largeur), former la farce de façon à épouser la forme des tronçons en pressant ces derniers fortement pour les faire adhérer à la farce. Fariner puis passer à l'oeuf et frire. Disposer dans une sauteuse assez grande, ajouter l'ail écrasé, l'eau et les épices restantes. Cuire à feu doux 1h.30.
15 mn avant la fin, ajouter le jus de citron et le persil haché. Bien que cette recette exige de longs préparatifs et beaucoup d'efforts, le résultat en vaut la peine ... Essayez!

Cardons aux Boulettes "Elkharchouf Belkouaré"

pour 4 à 6 personnes

1 1/2 kg de cardons
1/2 ou 3/4 kg de viande hachée (voir recette)
1/4 cuillerée de curcuma
1/2 citron
2 cuillères à soupe de farine

3 ou 4 gousses d'ail
1/4 tasse d'huile
1 ou 2 tasses d'eau
1/2 cuillerée de poivre noir
1/2 cuillerée de sel

Pour préparer les cardons, voir recette des cardes farcies (plus loin). Après les avoir nettoyés, faire bouillir et égoutter, les mettre dans une marmite, épicer, ajouter l'ail, l'huile, l'eau et en dernier les boulettes de viande, faire cuire le tout à petit feu environ 1 heure. Verser le jus de citron 15 mn avant la fin de la cuisson.

Petits Pois et Fenouil aux Boulettes

pour 4 à 6 personnes

1 1/2 kg de petits pois frais
 (ou congelés)
1 kg de fenouil
1/2 kg de viande hachée (voir recette)
1 oignon

1/4 cuillerée de curcuma
2 tasses d'eau
1/4 tasse d'huile
1/2 cuillerée de poivre noir
1/2 cuillerée de sel

Nettoyer les petits pois (frais), séparer les branches de fenouil, les couper en grosses lanières (supprimer la verdure), couper les coeurs et têtes en 8 morceaux, rincer le tout et mettre dans une marmite. Faire revenir l'oignon émincé et l'ajouter, épicer, verser la quantité d'eau indiquée. Préparer les boulettes de viande et les disposer sur les légumes, faire cuire le tout à feu doux 1h30.

Petits Pois et Petites Pommes de Terre aux Boulettes

pour 4 à 6 personnes

1/2 kg de viande hachée
1 1/2 kg de petits pois frais
 (ou 1 kg congelés)
1 kg de petites pommes de terre
1/4 tasse d'huile

1/4 cuillerée de curcuma
2 ou 3 tasses d'eau
1 oignon émincé et frit
1/2 cuillerée de poivre noir
1/2 cuillerée de sel

Éplucher les petits pois frais et les petites pommes de terre (les choisir toute petites, si elles sont plus grosses, les couper en 4). Dans une marmite, faire revenir les pommes de terre dans l'huile mélangée aux épices 20 à 30 mn.
Ajouter les petits pois, l'eau et l'oignon frit, puis en dernier les boulettes et laisser mijoter 1h. à 1h.30 à feu très doux.

Petits Pois et Têtes d'Artichauts aux Boulettes

pour 4 à 6 personnes

1/2 kg de viande hachée
1 1/2 kg de petits pois
1 kg d'artichauts
1/4 tasse d'huile
1 citron

1/4 cuillerée de curcuma
1/2 cuillerée de poivre noir
1 à 2 tasses d'eau
3 ou 4 gousses d'ail
1/2 cuillerée de sel

Débarrasser les artichauts de toutes leurs feuilles, n'en conserver que les coeurs vidés et coupés en 4, faire tremper dans le jus de citron pour leur éviter de noircir, les égoutter, les mélanger dans une marmite aux petits pois, à l'ail, aux épices, ajouter l'eau et laisser cuire 1h.30 à petit feu. On peut aussi ajouter les boulettes de viande et cuire le tout en même temps.

Dans la cuisine marocaine, une place d'honneur est concédée aux petits pois. On verra souvent ce légume privilégié mélangé à d'autres tels que le fenouil, le céleri, les petites pommes de terre et dans le cas présent les fonds d'artichauts. La réussite de ces mets est attribuée justement à ce mariage de légumes.

Céleri et Petits Pois aux Boulettes

Même procédé que la recette précédente en remplaçant les artichauts par le céleri.

Truffes aux Boulettes "Terfass Belkouaré"

pour 4 à 6 personnes

1/2 kg de viande hachée
1/2 kg de truffes
1/2 cuillerée de macis
1/2 cuillerée de curcuma
 (de préférence du safran)
1/4 tasse d'huile

2 cuillères de vinaigre
1/2 cuillerée de poivre blanc
2 tasses d'eau
2 cuillères de farine
1/4 cuillerée de sel

Voir recette pour préparation des boulettes.
Rincer et peler les truffes. Pour les débarrasser du sable, les tremper 30 mn dans de l'eau et du vinaigre. Rincer à nouveau et égoutter. Les couper en dés et les faire revenir dans l'huile, épicer, saler et ajouter l'eau, puis les porter à ébullition. Former les boulettes de la grosseur d'un pruneau et les ajouter au reste.
Diluer la farine dans l'eau et lier la sauce tout en mélangeant, la verser par-dessus et laisser mijoter 1h.30 à feu très doux.
Servir chaud.

Poivrons Farcis "Flafel Mâamrine"

pour 4 à 6 personnes

- 1/2 kg de viande hachée
- 8 à 10 poivrons verts (de couleur claire)
- 2 à 3 poivrons forts (facultatif)
- 1 kg de tomates mûres
- 4 à 5 gousses d'ail
- 1/2 tasse de persil haché
- 1/4 tasse d'huile
- 1 cuillerée de sucre
- 1/4 cuillerée de curcuma
- 1 cuillerée de piment rouge en poudre
- 1/2 cuillerée de poivre noir
- 1/2 cuillerée de sel

Verser un peu d'huile dans une poêle, faire sauter légèrement les poivrons. Disposer dans une marmite, couvrir et laisser refroidir. Retirer délicatement la tige, la peau et évider sans les casser. Préparer la viande hachée suivant la recette de base. Plonger les tomates dans l'eau bouillante, peler et mettre à cuire 15 mn. Hacher et faire mijoter 1h à petit feu jusqu'à obtention d'une sauce épaisse. Farcir les poivrons et les mettre à cuire dans cette sauce. Parsemer de persil, d'ail, épicer et laisser cuire encore 1 heure.

Courgettes Farcies "Guirâat Mâamrine"

pour 4 à 6 personnes

- 8 à 10 courgettes (de taille moyenne)
- 1/2 kg de viande hachée (voir recette)
- 1 gros oignon
- 2-3 oeufs
- 1/2 tasse d'eau
- 1 tasse de farine
- 1-2 tomates
- L'huile pour friture
- 1/4 cuillerée de curcuma
- 1/2 cuillerée de poivre noir
- 1/2 cuillerée de sel

Gratter légèrement la peau des courgettes, rincer et couper en deux, dans le sens de la longueur. Vider l'intérieur de façon à former des petites barques, farcir de viande hachée. Rouler dans la farine, dans les oeufs battus et frire. Disposer dans un plat allant au four, garnir de tomates coupées et d'oignon émincé, épicer, ajouter l'eau. Faire cuire au four préalablement chauffé 1h environ. Servir chaud.

Petites Aubergines Farcies "Bdiljane"

pour 4 à 6 personnes

- 10 à 12 petites aubergines
- 1/2 kg de viande hachée
- 2 ou 3 oeufs
- 1 tasse de farine
- Huile pour friture

Sauce:
- 2 tasses d'eau
- 1/2 tasse de persil émincé
- 4 à 5 gousses d'ail
- 3 ou 4 cuillerées de vinaigre
- 2 cuillères de pâte de tomate
- 1/4 cuillerée de curcuma
- 1/2 cuillerée de poivre noir
- 1/2 cuillerée de sel

Ôter la tige, ne pas éplucher, inciser à partir du bas jusqu'au milieu (4 entailles), tremper 5 mn dans l'eau bouillante, laisser dégorger. Écarter délicatement les entailles et farcir de viande hachée, refermer en serrant fort de façon que la farce déborde des entailles, lisser le surplus de viande, passer à la farine puis à l'oeuf et frire seulement les parties farcies. Disposer dans une marmite, faire une sauce avec tous les ingrédients et verser par-dessus. Porter à ébullition puis baisser le feu et laisser cuire 2 h. Servir chaud.

Coeurs de Céleri Farcis

pour 4 à 6 personnes

10 à 12 coeurs de céleri
1/2 kg de viande hachée
1 citron
2 ou 3 oeufs
1/2 tasse de farine

Huile pour friture
2 tasses d'eau
1/4 cuillerée de curcuma
1/2 cuillerée de poivre noir
1/2 cuillerée de sel

Acheter des petits coeurs de céleri. Inciser chaque coeur dans le sens de la longueur sans le détacher (6 à 8 cm), les égaliser et les tremper dans l'eau. Effiler le reste des branches ainsi que les feuilles, couper en gros morceaux et rincer. Porter le tout à ébullition dans l'eau salée 30 mn environ. Égoutter et refroidir. Entre-temps, épicer la viande hachée (d'après la recette de base). Prendre séparément les coeurs, en écarter les tiges très délicatement sans les arracher et farcir avec des petites quantités de viande hachée, les refermer en pressant fortement. Rouler dans la farine, tremper dans les oeufs battus et frire. S'il y a un reste de hachis de viande, farcir, de la même manière, les branches de céleri. (Il est préférable dans ce cas de disposer en premier ces branches au fond de la marmite). Epicer, ajouter l'eau et laisser cuire 1 heure à feu doux. Les dernières 15 mn, ajouter le jus de citron. Mets délicieux que l'on peut servir chaud ou froid.

Pommes de Terre Farcies "Batata Mâamra"

pour 4 à 6 personnes

10 à 12 pommes de terre de taille moyenne
1/2 kg de viande hachée (voir recette)
2 oeufs
1 tasse de farine
1/2 tasse de persil
2 tasses d'eau

3 ou 4 gousses d'ail
1 cuillerée de poivre noir
1/4 cuillerée de curcuma
1 cuillère de marjolaine
Huile pour friture
1/2 cuillerée de sel

Choisir des pommes de terre plutôt longues, de grosseur moyenne, les peler, les laver, couper en 4 dans le sens de la longueur en les laissant attachées par la partie inférieure. Préparer la viande hachée, farcir les pommes et resserrer les quarts qui resteront légèrement écartés par la farce, huiler légèrement la paume de la main et lisser la farce à même les entailles. Rouler dans la farine, l'oeuf et faire frire jusqu'à les dorer. Les disposer dans une marmite assez large, épicer, ajouter l'eau et laisser cuire 1h.30 à petit feu. Ajouter le persil éminé, la marjolaine et l'ail les dernières 15 mn.

Photo de droite: Epaule de mouton farcie (recette page 85).
Photo centrale: Les recettes différentes de dafinas—de droite à gauche—La dafina de blé, dafina de pois chiches, dafina de pied de boeuf, poche de viande farcie de riz, dafina de boyaux farcie, portion de dafina (recettes en pages 75, 77, 75, 76).

Oignons Farcis "Besla Mâamra"

pour 4 à 6 personnes

10 à 12 oignons (de grosseur moyenne)
1/2 kg de viande hachée
2 oeufs
1 tasse de farine
200 g de raisins secs
1 tasse d'eau

1/4 cuillerée de gingembre
1 cuillerée de cannelle
1 cuillerée de sucre
huile pour friture
1 pincée de sel

Éplucher les oignons et porter à ébullition 15 mn environ. (Il est plus aisé de l'utiliser ainsi et ne pique pas aux yeux). Inciser sur les côtés assez profondément jusqu'au milieu. Ouvrir délicatement en tirant 2 ou 3 couches à la fois pour farcir. L'on obtient ainsi une forme de "coquillage" ouvert. Préparer la viande hachée. Former des petites boulettes et farcir les couches du "coquillage", presser du bout des doigts de façon à reformer l'oignon. Rouler dans la farine, l'oeuf et frire dans l'huile préalablement chauffée. Les disposer dans une marmite en les serrant pour en éviter l'ouverture durant la cuisson. Ajouter le sel, sucre, cannelle et eau, cuire à petit feu 1h. 30. Avant la fin de la cuisson, jeter les raisins secs.

Figues à la Sauce Tomate

pour 4 à 6 personnes

1 kg de viande coupée en cubes
1 kg de figues (fraîches)
3 ou 4 tomates mûres
4 ou 5 gousses d'ail
2 cuillères de pâte de tomate
1/4 cuillerée de curcuma

1 cuillerée de sucre
1/4 tasse d'huile
2 tasses d'eau
1 jus de citron
1/2 cuillerée de poivre noir
1/4 cuillerée de sel

Faire revenir les cubes de viande 45 mn. Inciser les figues en 2, sans en séparer les moitiés, peler, couper en cubes les tomates, et faire revenir avec l'ail grossièrement coupé pendant 30 mn. Ajouter les figues, la pâte de tomate, les épices, l'eau, l'huile, le sel et le sucre. Cuire à petit feu pendant 1h.30. Ajouter le jus de citron. Servir chaud.

Plat berbère oublié mais dont mon père nous parlait souvent. (Note de l'auteur)

Fonds d'Artichauts Farcis

pour 4 à 6 personnes

8 à 10 artichauts
1/2 kg de viande hachée (recette de base)
2 oeufs
1 tasse de farine
1/2 tasse de persil émincé
3 à 4 gousses d'ail

1 citron
1 tasse d'eau
1/4 cuillerée de curcuma
1/2 cuillerée de poivre noir
1/2 cuillerée de sel
Huile pour friture

Photo de gauche: Langue aux Câpres (recette en page 91).

Choisir des artichauts de grosseur moyenne, de couleur violacée; ce sont les meilleures au goût. Oter délicatement les feuilles afin que leur partie commestible reste attachée à la tête. Quand il ne restera plus que les dernières feuilles molles, couper tout autour à 3-4 cm de la base.
Evider le fond à l'aide d'un couteau aiguisé. On obtient ainsi la tête d'artichaut en forme de coupe. Oter la partie grossière qui recouvre la tête.
Dans un bol d'eau, jeter des morceaux de citron puis tremper les têtes, ceci afin de leur éviter de noircir.
Egoutter et mettre dans une casserole, ajouter l'eau, 1 cuillerée de sel et deux de farine puis porter à ébullition 30 mn. Egoutter et laisser refroidir.
Entretemps, préparer la viande hachée. Former de petites boulettes puis farcir les têtes d'artichauts en les tassant. Battre les oeufs. Passer ensuite les têtes dans la farine puis dans l'oeuf et frire des 2 côtés jusqu'à ce qu'elles soient bien dorées.
Les mettre ensuite dans une marmite assez large, non profonde.
Emincer persil et ail et les ajouter par-dessus, incorporer les épices et l'eau puis cuire à feu doux 1 h. à 1h.30.
Arroser de jus de citron 15 mn avant la fin de la cuisson.

Remarque: Il est recommandé de se munir de gants de ménage pour nettoyer les artichauts afin de ne pas noircir les mains.

Haricots Verts à la Viande

pour 4 à 6 personnes

1 kg de haricots verts
1 kg de viande
1 tomate mûre
3 ou 4 gousses d'ail

1/2 cuillerée de poivre noir
1/4 cuillerée de curcuma
1 tasse d'eau
1/2 cuillerée de sel

Couper la viande en cubes et mettre dans une marmite, faire revenir avec la tomate coupée et l'ail, épicer et laisser cuire, à petit feu, 1 heure.
Pendant ce temps, effiler les haricots, rincer, égoutter et couper en 2 (enlever les extrémités) dans le sens de la longueur de façon à obtenir des moitiés longues et fines.
Ajouter à la viande et laisser cuire encore 1 heure à feu doux.
A la fin de la cuisson, la sauce devra être réduite.

Aubergines Frites Assaisonnées

pour 4 à 6 personnes

1 kg d'aubergines
1 1/2 tasse de hachis de poivrons
  rouges (voir recette)

Huile pour friture
Poivre
Sel

Laver et trancher les aubergines sans les peler. Saupoudrer de poivre, sel, et laisser dans un récipient quelques heures. Soulever le récipient d'un côté pour égoutter le liquide qui s'en échappe.

Essuyer les tranches avec des serviettes en papier et faire frire dans l'huile préalablement chauffée. Disposer dans un plat profond. Sur chaque couche d'aubergines frites, verser généreusement le hachis de poivrons. Servir chaud ou froid.

Côtelettes de Mouton aux Oeufs Bouillis

pour 4 à 6 personnes

1 1/2 kg de côtelettes de mouton
 (ou 1 gros poulet)
4 ou 6 oeufs
1/2 kg d'oignons
1 1/2 tasse d'amandes émondées,
 frites et concassées

1 cuillère de cannelle
1/2 cuillerée de poivre
1/4 cuillerée de curcuma
2 tasses d'eau
1/2 cuillerée de sel
Coriandre pour décoration

Peler, émincer les oignons, faire revenir 30 mn. Ajouter les côtelettes, saler, épicer, verser l'eau et laisser cuire 1h. Faire bouillir les oeufs, les nettoyer et les ajouter au reste. Entre-temps, frire les amandes, les broyer grossièrement. Disposer dans un plat de service les côtelettes, napper de leur sauce, entourer d'oeufs bouillis et saupoudrer d'amandes.
Garnir de coriandre émincée.

Pommes de Terre au Four

pour 4 à 6 personnes

1 kg de patates douces
100 g de beurre
2 gros oignons

1 cuillerée de poivre noir (ou cannelle)
2-3 cuillères d'huile
1/2 cuillerée de sel

Mettre les patates au four après les avoir rincées, jusqu'à ce qu'elles deviennent tendres. Émincer les oignons, frire dans l'huile, égoutter, saler et poivrer. Servir les patates à part, avec une noix de beurre. Servir l'oignon dans des petits bols.

Remarque: La patate douce au beurre était le régal des bébés (sans oignons ni épices). Les pots de nourriture des bébés n'existaient pas à l'époque. Néanmoins, les mamans savaient bien équilibrer leurs repas.

Courge Rouge au Four

Même préparation que les patates douces et saupoudrer de cannelle.

Tomates aux Oeufs

pour 4 à 6 personnes

1 1/2 kg de tomates
4 à 5 gousses d'ail
4 à 6 oeufs
1/4 tasse de persil haché
1/4 cuillerée de paprika piquant
  ou sahka (voir recette)

1 cuillerée de paprika doux
1/4 tasse d'huile
1/2 cuillerée de poivre noir
1/2 cuillerée de sel

Peler tomates, couper en cubes et faire revenir dans l'huile à feu doux durant 1h.30. Saupoudrer de la moitié des épices. Casser par-dessus les oeufs, ajouter l'ail écrasé, le persil et le reste des épices, cuire 10 mn en couvrant la marmite. Découvrir et enfourner 5mn (four chaud).
Choisir de préférence une casserole plutôt plate pour faciliter le service.

Oeufs au Cumin

pour 4 à 6 personnes

4 à 6 oeufs
3 tasses d'eau
6-8 gousses d'ail
1 cuillère de sahka ou paprika piquant

1/4 tasse d'huile
1/2 cuillerée de cumin
1/2 cuillerée de sel

Porter à ébullition l'eau, l'huile, la sahka et le sel. Casser les oeufs dans ce liquide bouillant. Après 5 mn, mélanger en essayant de séparer les oeufs entiers. Faire dorer légèrement l'ail dans une poêle et l'ajouter avec le cumin. Laisser cuire encore 15 mn et servir chaud.
Accompagner d'un riz.

Oeufs Pochés à l'Eau "Njimat Delbeid"

pour 4 à 6 personnes

4 à 6 oeufs
2 tasses d'eau
2 à 3 gousses d'ail

1 pincée de paprika doux
1/4 cuillerée de poivre noir
1/4 cuillerée de sel

Verser dans une grande poêle, les 2 tasses d'eau salée, porter à ébullition, casser les oeufs en les laissant entiers, couvrir et laisser cuire 15 mn à feu doux. Découvrir, épicer, ajouter l'ail écrasé, recouvrir à nouveau quelques minutes. Servir chaque oeuf à l'aide d'une cuillère perforée de façon à égoutter l'eau.
Cette recette est recommandée pour les repas diététiques. Ne contient aucun corps gras.

Petites Pommes de Terre à la Marjolaine

pour 4 à 6 personnes

1 1/2 kg de petites pommes de terre
3 à 4 cuillères d'huile
1/4 tasse d'huile d'olive
300 g d'olives vertes
4 à 5 gousses d'ail

1 cuillère de marjolaine
1/4 cuillerée de curcuma
2 tasses d'eau
1/2 cuillerée de poivre noir
1/2 cuillerée de sel

Éplucher les pommes de terre. Si elles sont fraîches, gratter légèrement la peau (elles conservent mieux leur saveur), rincer et égoutter. Dans une marmite, chauffer l'huile, faire sauter les pommes de terre, ajouter l'ail, les épices en bougeant plusieurs fois la marmite. Rincer les olives sans les dénoyauter, les incorporer aux pommes de terre, ajouter l'eau, laisser cuire 45 mn à feu doux. Les 5 dernières minutes, ajouter l'huile d'olive et la marjolaine. Servir très chaud.

Petits Pois aux Oeufs "Jilbana Belbeid"

pour 4 à 6 personnes

1 kg de petits pois frais
4 ou 6 oeufs
3 ou 4 gousses d'ail
1/4 cuillerée de curcuma
1 cuillerée de piment rouge (doux) en poudre

1 à 2 tasses d'eau
1/4 tasse d'huile
1/2 cuillerée de poivre noir
1/2 cuillerée de sel

Mettre les petits pois nettoyés dans une marmite large ou dans une grande poêle à frire, ou encore dans un plat de service à l'épreuve du feu. Cuire avec la moitié des épices à feu doux 30 mn. Casser par-dessus les oeufs en essayant de les laisser entiers.
Saupoudrer d'ail et du reste des épices. Couvrir la marmite 10 mn et rentrer au four chaud, 3 à 4 mn pour dorer les oeufs.
Présenter chaque oeuf sur un fond de petits pois. C'est un mets léger et rapide à préparer.

Pommes de Terre aux Oeufs

pour 4 à 6 personnes

4 à 5 pommes de terre
4 à 6 oeufs
2 cuillères de persil émincé
2 ou 3 gousses d'ail

1/4 cuillerée de paprika (doux ou piquant)
1/2 cuillerée de poivre noir
1/4 tasse d'huile
1/4 cuillerée de sel

Peler, couper les pommes de terre en cubes (environ 1cm²), rincer, égoutter, faire sauter dans l'huile. Ajouter l'ail, le persil et les épices. Casser les oeufs par-dessus (un par un), saupoudrer de paprika, couvrir 5 mn et servir chaud.

Olives Cuites "Zitoun Métboukh"

pour 4 à 6 personnes

- 1 kg d'olives cassées (marinées, prêtes à être cuites)
- 2 grosses tomates mûres
- 4 ou 5 gousses d'ail
- 1/4 tasse d'huile
- 1/4 cuillerée de curcuma
- 1/2 cuillerée de poivre noir
- Jus 1/2 citron

Dénoyauter les olives, porter à ébullition à 2 ou 3 reprises (sans cuire), renouveler l'eau à chaque fois et rincer. Peler, couper et faire revenir dans l'huile la tomate, remuer de temps en temps jusqu'à obtention d'une sauce veloutée. Ajouter les épices, l'ail coupé grossièrement, mélanger et incorporer les olives. Cuire 1h. à feu doux, ajouter le jus de citron.
Chez les marocains, le tajine d'olives est un des plats favoris, préparé en l'honneur du "shabbat". Pour l'enrichir, il suffit de farcir chaque olive d'une amande frite, à la place du noyau.

Olives à la Viande "Tajine D'zitoun"

pour 6 à 8 personnes

- 1 kg d'olives cassées
- 1 kg de viande
- 4 à 5 gousses d'ail
- 2 tomates mûres
- 1/4 cuillerée de curcuma
- 1 tasse d'eau
- 1/4 tasse d'huile
- 2 cuillères de persil haché
- 1/4 tasse de jus de citron
- 1/2 cuillerée de poivre noir
- Sel (selon les goûts)

Couper la viande en cubes, la faire revenir avec l'ail, les tomates coupées et les épices 1 heure à feu doux. Entre-temps, préparer les olives: dénoyauter, faire bouillir 3 fois, changer l'eau chaque fois pour en supprimer le goût amer. Mélanger à la viande, couvrir d'une tasse d'eau et laisser cuire encore 1 heure. Réduire tout le liquide jusqu'à l'obtention d'une sauce onctueuse. Les dernières 15 mn, ajouter le persil haché et le jus de citron.

Omelettes aux Échalotes

pour 4 à 6 personnes

- 250 g de viande
- 2 tasses d'échalotes émincées
- 2 cuillères de chapelure
- 3 oeufs
- 1/4 tasse d'huile
- 1/2 cuillerée de poivre noir
- 1/4 cuillerée de sel

Couper la viande en petits cubes, rincer et émincer les échalotes, égoutter et éponger. Casser les oeufs, ajouter tous les condiments, mélanger bien le tout. Avec une cuillère à soupe, prendre des petites quantités et faire frire dans l'huile chaude (chaque petite omelette devra être en forme de cercle de 5 à 6 cm de diamètre). Servir chaud.

Riz au Safran "Raouz Bzaâfran"

pour 6 à 8 personnes

3 tasses de riz
5 1/2 tasses d'eau
1/8e de cuillerée de safran
1/2 tasse d'huile
1 tasse d'amandes

1/2 tasse d'oignons émincés et frits
1 tasse de raisins secs frits
1/4 cuillerée de macis
1 cuillerée de sel

Porter à ébullition l'eau additionnée d'huile, sel et safran. Verser le riz rincé, laisser à peine bouillir et réduire le feu, cuire 20 à 30 mn jusqu'à absorption complète du liquide. Remuer délicatement à l'aide d'une spatule en bois (les grains doivent rester détachés). Disposer dans un Disposer dans un plat de service. Frire séparément, dans un peu d'huile, les amandes émondées, l'oignon émincé et les raisins secs. Saupoudrer de macis, mélanger bien le tout, verser sur le riz.

Paella de Riz

pour 6 à 8 personnes

2 tasses de riz
1 tasse de poulet en cubes
2 poivrons verts
2 tomates
2 ou 3 carottes
2 oignons

1/4 cuillerée de safran
1/2 cuillerée de poivre blanc
1/2 tasse d'huile
3 1/2 tasses d'eau
1/2 cuillerée de sel

Couper en dés les légumes, les frire séparément ainsi que les cubes de poulet. Rincer le riz, égoutter. Dans une grande casserole, faire bouillir l'eau additionnée de sel, 1/4 cuillerée d'huile. Verser le riz, faire cuire à feu doux 10 mn. Ajouter tous les légumes, les cubes de poulet et continuer la cuisson jusqu'à réduction complète de l'eau. Servir chaud ou froid.

Riz aux Carottes

pour 6 à 8 personnes

1 kg de carottes
2 tasses de riz
1 cuillerée de macis
1 cuillerée de poivre blanc

1/4 tasse d'huile
1 cuillère de sucre
4 tasses d'eau
1/4 tasse de persil émincé
1 pincée de sel

Peler, laver, couper en cubes les carottes, les faire revenir dans l'huile et le sucre. Ajouter l'eau, les épices, porter à ébullition, verser le riz et cuire 20 à 30 mn à feu doux. Parsemer de persil, mélanger délicatement et servir chaud.

Boulettes de Blé Moulu "Koubah"

pour 35 à 40 boulettes

Pâte:

3 tasses de blé moulu
1/2 tasse de semoule
1/2 tasse de farine
4 cuillères de pâte de tomate
1/4 tasse d'huile
1 cuillerée de cumin
1 cuillerée de paprika piquant
   (facultatif)
1/2 cuillerée de sel

Farce:

500 g de viande hachée
4 à 5 gros oignons émincés et frits
2 cuillères de graines de sésame
2 cuillères de pignons de pain grillés
1 cuillerée de cumin
1 cuillerée de poivre noir
1 cuillerée de paprika piquant
Huile pour friture
Sel (au goût)

Verser le blé moulu dans un tamis fin et rincer très vite sous l'eau. Égoutter (sans presser). Mettre dans une cuve, ajouter la semoule, farine, pâte de tomate et les épices. Mélanger le tout pour en faire une pâte. Si cette dernière est trop sèche, mouiller d'un quart de verre d'eau.

Préparer la farce: Frire les oignons, ajouter la viande hachée, réduire le feu, remuer jusqu'à ce que la viande brunisse. Retirer du feu, épicer, ajouter les graines de sésame, les pignons de pain. Rouler en boules la pâte, (grosseur d'une olive) creuser un petit orifice avec le pouce (former un boyau), humecter les mains pour faciliter le travail, farcir de viande hachée à l'aide d'une petite cuillère, fermer les extrémités (les boyaux devront être longs de 5 à 6 cm). Frire dans beaucoup d'huile. On peut les servir chauds ou froids.

La Koubah n'est pas une spécialité marocaine, mais adoptée par certains marocains.

Blé Concassé "Bourgol"

pour 4 à 6 personnes

3 tasses de blé concassé
2 tasses de tomates en cubes
2 tasses d'oignons frits
1/2 tasse de persil émincé
1/2 tasse de pâte de tomate
1 cuillère plate de cumin
1/4 tasse d'huile

2 tomates fraîches
1 oignon
1 tasse de viande hachée
   (facultatif)
1/2 tasse d'eau
1 cuillerée de poivre noir
Sel

Verser le blé concassé dans une passoire fine, rincer rapidement, égoutter. Frire les oignons, ajouter les cubes de tomates, faire revenir. Arroser d'une demi tasse d'eau, porter à ébullition, éteindre le feu. Ajouter le blé concassé, la pâte de tomate, les épices, les tomates fraîches coupées en cubes, l'oignon émincé et le persil. Si l'on désire relever avec la viande hachée, l'ajouter alors en dernier, crue. Mélanger le tout, laisser reposer 1 h. puis dresser sur le plat de service.

Comme le précédent, ce mets n'est pas une spécialité marocaine mais plutôt syrienne ou turque. Cependant, nous le savourons bien.

La Dafina
"Skhina"

C'est le repas du shabbat par excellence qui cuit durant toute une nuit. Mon père répétait toujours cette anecdote: "La présence divine règne sur celui qui mange le repas du Shabbat". Il n'y a pas de Shabbat au Maroc sans le plaisir de la préparation de ce mets rituel que l'on porte la veille au four central du voisinage et que l'on va chercher le jour du Shabbat. Dans chaque quartier et aussi dans les quartiers juifs, le four central jouait un rôle important dans la vie des habitants. On y faisait cuire le pain quotidien, les gâteaux et bien sûr la marmite de Dafina. Les enfants étaient désignés pour porter au four les tôles de pain, de gâteaux et aussi la Dafina.

Un autre souvenir original de cet aspect du four de quartier: L'homme qu'on appelait "Térah", mot d'origine hébreu "Tarah" qui veut dire: "Travail dur", livrait aux bénéficiaires les tôles de pain et de gâteaux, moyennant une récompense plutôt modique. Le Vendredi soir, chacun veillait à porter lui-même sa marmite de dafina que le boulanger identifiait par un numéro qu'il griffonnait par-dessus. En guise de reçu, il remettait à chacun un petit billet portant le meme numéro inscrit sur la marmite. On octroyait aux premiers venus la meilleure place, au milieu du four, pour leur dafina et il leur était assuré un plat mijoté, ni sec ni brûlé. Sur les lieux était présent un gardien juif et son travail consistait à boucher avec de l'argile la voûte du four jusqu'au lendemain, de peur que l'on en trangresse le Shabbat. Le jour du Shabbat, vers la fin de la matinée, devant le four se formait un rassemblement d'enfants, de femmes et de mitrons "Terahin". A ce même moment les époux sortaient de la synagogue et regagnaient leurs domiciles, tandis que les épouses rentraient, munies de la marmite de dafina.

Loin dans mes souvenirs d'enfance passée à Casablanca, se détache encore la silhouette du troubadour—Le clown de quartier—"Bambara", c'est ainsi qu'il était surnommé. Son meilleur compagnon, un singe qu'il perchait sur son épaule tandis qu'à son cou pendait une corde soutenant un énorme tambour. Le Bambara était généralement très grand de taille, un soudanais. Il déambulait dans les quartiers juifs, surtout le samedi après le repas. Sa principale attraction consistait à demander malicieusement à son singe: "Que fait le juif Samedi après s'être gavé de dafina et de mahia? (liqueur faite maison). Le singe s'allongeait alors sur le dos et ronflait. Chez les concitoyens arabes, la Harrira, durant le mois de Ramadan est une coutume comme il en est chez les juifs de la Dafina.

Boulette Douce de Dafina

pour 6 à 8 personnes

200 g de noix (pacanes, cacahuètes ou amandes)
300 g de viande hachée
1/4 tasse d'huile
2 cuillerées de cannelle
2 oeufs
3 cuillères de chapelure

1 cuillerée de poivre noir
1/4 cuillerée de gingembre
1 cuillerée de macis
2 cuillères de sucre
1/4 de noix de muscade rapée
1/4 cuillerée de sel

Rincer les noix, éponger à l'aide d'un torchon de cuisine, hacher grossièrement. Mélanger la viande hachée, le hachis de noix, les oeufs, la chapelure et les épices. En faire une grosse boulette, l'enrouler dans un morceau de gaze, formant ainsi un boudin. Nouer les 2 extrémités de l'étoffe et disposer dans la marmite de dafina. Au moment de servir, couper en tranches.
Les ingrédients doux et piquants contenus dans cette boulette donnent un goût très particulier, agréable au palais. On peut l'incorporer à n'importe quel type de dafina, pour l'enrichir.

Dafina de Petites Pommes de Terre

pour 4 à 6 personnes

1 1/2 kg de petites pommes de terre
1 kg de viande
3 gros oignons
4 à 6 oeufs
1 boulette douce (voir recette)

1/2 cuillerée de curcuma
5 à 6 tasses d'eau
1 cuillerée de poivre noir
Sel (au goût)

Peler, rincer les pommes de terre (les laisser entières), faire dorer à la friture, les disposer dans une grande marmite. Ajouter la viande ainsi que la boulette enroulée dans un morceau de gaze. Rincer les oignons sans les éplucher, les couper en 4 et les ajouter avec les oeufs (rincés délicatement). Placer la marmite sur la plaque électrique puis recouvrir d'une grosse couverture ou autre étoffe. La Dafina qui en résulte est toute dorée (la peau d'oignons y contribue). C'est par excellence l'une des "dafinas" que l'on prépare durant les fêtes de Pessah.

Dafina à la Langue et aux Truffes

pour 6 à 8 personnes

1 kg de truffes
1 langue de boeuf
4 à 5 tasses d'eau
3 à 4 gousses d'ail
1 cuillerée de paprika

6 à 8 oeufs (voir nbre de personnes)
1/2 cuillerée de curcuma ou safran
1/2 tasse d'huile
1 cuillerée de poivre noir
1 cuillère plate de sel

Éplucher les truffes, les rincer à l'eau claire additionnée de vinaigre. Faire bouillir la langue et en retirer la pellicule qui la recouvre. Placer dans une marmite, disposer par-dessus les truffes, épicer, ajouter les oeufs et couvrir d'eau. Cuire à feu doux 1h. Mettre ensuite sur la plaque chauffante et bien recouvrir jusqu'au lendemain midi. Avant de servir, couper en tranches la langue accompagnée de truffes. C'est aussi une recette conçue surtout pour Pessah.

Dafina de Blé "Skhina Delkemh"

pour 6 à 8 personnes

(1) Au goût doux:
- 2 tasses de blé entier
- 1 kg de viande assez grasse
- 6 à 8 oeufs
- 6 à 8 petites pommes de terre
- 200 g de raisins secs
- 2 oignons frits
- 2 tasses de pois-chiches trempés

- 6 à 8 tasses d'eau
- 1/2 cuillerée de margarine
- 1/2 cuillerée de cannelle
- 1/2 cuillerée de poivre noir
- 3 à 4 cuillères d'huile
- 1 cuillère de sucre
- 1/4 cuillerée de sel

(2) Au goût piquant:
Mêmes quantités de blé, viande, oeufs, pommes de terre, pois-chiches, eau, margarine, huile, poivre noir.

- 2 cuillerées de sahka (voir recette)
- 5 à 6 gousses d'ail
- 1/2 cuillerée de sel

Dans une grande marmite, mettre les pois-chiches, les pommes de terre, les oeufs et la viande, saler, poivrer et ajouter l'eau. Séparément, dans un bol, préparer le blé, la margarine, les raisins secs, l'oignon, la cannelle et le sucre (ou la sahka), mélanger le tout, disposer le bol à l'intérieur de la marmite de dafina, porter à ébullition. Ajouter au blé 2 tasses d'eau bouillante, placer la marmite sur la plaque chauffante. Bien recouvrir.

Remarque: En cours de cuisson, le blé double de volume, tenir compte de la grandeur du bol.

Dafina au Pied de Boeuf "Skhina Del Kerâa"

pour 6 à 8 personnes

- 1 pied de boeuf (ou 2 pieds de veau)
- 2 tasses de pois-chiches
- 6 à 8 oeufs
- 6 à 8 pommes de terre
- 1 petite gousse d'ail (ou 1 oignon)
- 1/2 cuillerée de poivre noir

- 1/2 cuillerée de paprika
  (doux ou piquant)
- 1/4 cuillérée de curcuma
- 1/2 tasse de riz
- 8 à 10 tasses d'eau
- 1 cuillerée de sel

Tremper les pois-chiches la veille, les jeter au fond d'une grande marmite, ajouter le pied de boeuf, les oeufs, pommes de terre, les épices et l'eau. Dans un bol, mettre le riz rincé, mélanger avec le sel, poivre, curcuma et 1 tasse d'eau, placer dans la marmite, cuire 1h. Placer sur la plaque chauffante. Bien recouvrir.

Dafina aux Boyaux Farcis

pour 6 à 8 personnes

2 tasses d'haricots blancs secs
1 kg de viande
1/2 kg de boyaux nettoyés
2 tasses de riz
1/2 botte de persil
250 g de viande hachée
2 oignons émincés et frits
6 à 8 oeufs (voir nbre de personnes)
6 à 8 pommes de terre (1 par personne)
6 à 8 tasses d'eau
1 1/2 cuillerée de poivre noir
1/2 cuillerée de curcuma
2 cuillères de vinaigre
  (pour nettoyer les boyaux)
1 citron
Sel

Tremper les haricots la veille, couper les boyaux en gros morceaux, 30 à 40 cm, rincer le riz, le persil émincé. Tremper les boyaux dans l'eau additionnée de tranches de citron 15 mn. Mélanger le riz, persil, oignon frit, viande hachée et la moitié d'épices. Prendre séparément les morceaux de boyaux, les nouer à une extrémité, farcir à moitié et faire un noeud à l'autre extrémité. (On peut nouer également à l'aide d'un fil épais). Appuyer sur le boyau afin d'en étaler la farce et faire passer un fil au milieu à l'aide d'une aiguille. Les disposer dans une marmite contenant de l'eau bouillante additionnée de 2 cuillères de vinaigre, porter à ébullition 10 mn et égoutter. Les boyaux rétrécissent et prennent la forme d'un rouleau, les faire frire jusqu'à ce qu'ils soient dorés. Disposer dans la marmite de dafina au-dessus des haricots, ajouter la viande, les pommes de terre et les oeufs, épicer, couvrir de la quantité d'eau indiquée, faire cuire 1 heure puis mettre sur la plaque jusqu'au lendemain midi.

Dafina aux Courgettes Farcies

pour 6 à 8 personnes

12 à 14 courgettes de taille moyenne
1 k de viande de boeuf
150 g d'abricots secs
100 g de pruneaux
1 cuillerée de cannelle en poudre
8 à 10 petits oignons (ou échalotes)
3 pommes de terre
3 verres d'eau - 1/4 cuillerée de sel

Farce pour les courgettes:
1 verre de riz lavé
200 g de viande hachée
1 oignon frit
1/2 cuillerée de poivre noir moulu
3 à 4 cuillerées d'huile

Rincer les courgettes à l'eau claire, les gratter légèrement, les évider très délicatement. Ajouter le riz lavé et égoutté aux autres ingrédients: poivre, sel, huile, viande hachée et oignon frit. Remplir de cette farce les courgettes, les frire de tous les côtés. Tapisser le fond d'une marmite (large et plate de préférence) de rondelles de pommes de terre épluchées. Disposer par-dessus les courgettes farcies, puis la viande en morceaux au centre. Rincer très soigneusement les fruits secs. Éplucher et laver les oignons et ajouter au contenu de la marmite avec les épices restantes. Couvrir d'eau et porter à ébullition. Cuire 30 mn à feu vif et placer sur une plaque électrique pour continuer la cuisson jusqu'au lendemain. Afin de conserver la chaleur et afin que le tout soit bien mijoté, recouvrir la marmite comme sus-indiqué, tout en veillant à ce que cette étoffe ne soit pas en contact avec la plaque.

Dafina de Pois-Chiches "Skhina Delhems"

pour 6 à 8 personnes

1 à 1/2 tasse de pois chiches
2 ou 3 os à moelle
1 kg de viande
6 à 8 oeufs (voir nbre de personnes)
1 tasse de riz
1/2 kg de pommes de terre douces
  (ou normales)
1/4 cuillerée de curcuma
1 tête d'ail (ou 3 à 4 oignons entiers)
6 à 8 tasses d'eau
1 cuillerée de poivre
Sel

Tremper les pois chiches la veille. Dans une grande marmite, mettre les pois-chiches, les patates pelées et coupées en grosses tranches. (si elles sont petites, les laisser entières). Les disposer sur les pois-chiches, de même que l'ail (entier) et les os. De la viande, faire une poche et coudre le pourtour en laissant un orifice pour farcir. Rincer le riz, y incorporer la moitié d'épices, farcir la viande, coudre l'orifice. Disposer la viande au milieu de la marmite, sur les pois-chiches et pommes de terre. Rincer les oeufs, les ajouter tout autour. (Veiller à ne pas fêler les oeufs car ils éclatent pendant la cuisson). Ajouter l'eau, le restant d'épices, porter à ébullition 1 heure, mettre sur la plaque chauffante ou au four à 250°. Cuire toute la nuit et la matinée. L'odeur dégagée étant très forte, couvrir la plaque chauffante avec une couverture réservée spécialement à cette fin. Plus on couvre, et plus la dafina est dorée.

Remarque: (1) Pour la poche de viande, demander au boucher un morceau plat.
(2) On peut aussi mettre le riz séparément dans un petit bol inoxydable, que l'on place dans la marmite de dafina. Ajouter alors au riz 1/4 tasse d'eau.

Dafina de Pessah

pour 4 à 6 personnes

2 gros oignons émincés
2 pommes de terre émincées
300 g de viande coupée en dés
1/2 tasse d'huile
2 ou 3 os à moelle
1 kg de viande
4 à 6 pommes de terre
4 à 6 oeufs
1 boulette douce (voir recette)
1 cuillerée de poivre noir
1/2 cuillerée de sel
4 à 5 tasses d'eau
200 g. de pruneaux (facultatif)

Émincer l'oignon, les pommes de terre, la viande (seulement les 300 g), rincer, égoutter. Faire frire séparément. Disposer au fond d'une marmite, ajouter par-dessus la viande, les pommes de terre, les oeufs, la boulette, les épices et les pruneaux. Couvrir d'eau et porter à ébullition 30 mn. Placer ensuite sur la plaque chauffante. Recouvrir jusqu'au lendemain midi. Servir à chacun une pomme de terre, un oeuf, une tranche de boulette, un morceau de viande, le tout arrosé de sauce.

Remarque: Ne pouvant préparer de féculents à Pessah, on peut remplacer ces derniers par des légumes frais tels que les petits pois frais, les oignons et pommes de terre émincées.

Les Repas de Viandes Boeuf et Mouton

Les mets de viandes étaient riches et très variés. Ils étaient surtout composés de viande de veau, de mouton et de boeuf. Dans les villages, on avait coutume d'égorger surtout des moutons. Les terrains vagues et les conditions de vie le permettaient, alors que les citadins se contentaient d'acheter de la viande sur le marché. Les viandes en conserve et en marinade étaient disponibles dans les maisons, en particulier à l'approche de fêtes ou d'une cérémonie. La viande en conserve était adoptée aussi bien par les citadins que par les villageois. Le mode utilisé pour la préparation de la viande en conserve n'avait pas recours au réfrigérateur. On pouvait donc la conserver longtemps. Pour cela, il suffisait de préparer de grosses quantités que l'on conservait dans des jarres puis on ajoutait de la graisse par-dessus.

Viande Fumée

pour 3 à 4 repas

Pour traiter cette viande, 2 opérations s'imposent:

1ère opération	2e opération
4 kg de viande de boeuf (ou mouton)	3 à 4 litres d'eau
2 tasses de sel de table	1/2 kg de graisse de boeuf
1/2 tasse de vinaigre	1 cuillerée de coriandre moulu
3 à 4 tasses d'huile	1 cuillère de poivre noir moulu
2 gousses d'ail	
2 cuillerées de poivre noir moulu	
2 cuillerées de coriandre moulu	
1 mètre de gaze (ou étoffe fine)	

Mélanger tous les ingrédients avec l'ail coupé grossièrement (1). Ceci s'appelle "Tsermela" ou vinaigrette.

1 Couper la viande en lanières longues et assez larges, laver, égoutter ou éponger avec un torchon de cuisine. Verser la "Tsermela" dans un grand récipient, tremper les lanières en les imbibant abondamment de tous les côtés, laisser macérer 3 jours (les retourner de temps à autre). Égoutter et suspendre à un fil à linge (ou autre), recouvrir de gaze (ou étoffe fine). Faire sécher 1 semaine à l'abri de l'humidité. Une fois bien sèches, secouer une à une les lanières pour leur ôter le surplus d'épices et passer à la 2ème opération.

2 Couper les lanières en gros cubes, les disposer dans une marmite et couvrir d'eau, ajouter la graisse, les épices, et les ingrédients (2). Cuire 3 ou 4 heures à feu doux. Remuer de temps en temps avec une cuillère en bois. Après évaporation du liquide, il ne reste que la graisse qui fait mijoter la viande. Lorsqu'elle devient bien tendre, la faire tiédir et la conserver dans des bocaux en verre. Peut accompagner n'importe quel légume. La viande étant déjà salée, ne pas ajouter de sel aux mets qui l'accompagnant.

Viande Fumée aux Oeufs

pour 4 à 6 personnes

1 tasse de cubes de viande fumée (voir recette)	1/2 tasse de persil émincé
4 à 6 oeufs (selon le nbre de personnes)	1/4 tasse d'huile
5 à 6 tomates mûres	1/2 cuillerée de poivre noir en poudre
1 gros oignon	1/4 cuillerée de curcuma
	1 pincée de sel

Peler les tomates, les couper en morceaux assez fins. Emincer l'oignon, le faire revenir. Ajouter les tomates et faire mijoter 30 mn. Incorporer les cubes de viande fumée, les épices et laisser cuire à feu doux 1h. Casser les oeufs par-dessus sans mélanger. Parsemer de persil et d'une pincée d'épices. Couvrir et faire cuire encore 15 mn. On peut aussi faire dorer au four 5 mn.

Remarque: La viande fumée peut être remplacée par des cubes de viande frite dans l'huile préalablement chauffée.

Viande Fumée aux Grains d'Anis

pour 4 à 6 personnes

300 g de viande fumée (voir recette)
200 g de foie de veau ou de boeuf grillé
4 à 6 oeufs
2 cuillères de persil haché
1 tomate mûre
2 gousses d'ail

1 tasse d'eau
1/4 tasse d'huile
1 cuillerée de paprika
1 1/2 cuillerée de grains d'anis
1 pincée de sel

Couper viande et foie en petits cubes. Faire revenir dans l'huile 30 mn à feu doux. Dans une poêle à frire, faire revenir séparément la tomate coupée avec l'ail écrasé, les incorporer à la viande avec le persil haché, le paprika, l'anis et l'eau. Cuire 30 mn. Casser les oeufs par-dessus, saler légèrement, saupoudrer d'une pincée de paprika et d'anis et couvrir 10 mn. Passer 3 à 4 mn au four pour faire brunir et servir chaud. Saler très peu à cause de la viande fumée.

Viande Fumée aux Aubergines

pour 4 à 6 personnes

1 1/2 kg d'aubergines
1/2 kg de viande fumée
2 à 3 tomates
4 à 5 gousses d'ail
1/4 tasse d'huile

1 tasse d'eau
1 cuillère de cumin en poudre
1/2 cuillerée de poivre noir en poudre
1/4 cuillerée de curcuma
1/4 cuillerée de sel

Peler les tomates, les couper en cubes, faire revenir et y ajouter la viande fumée coupée en cubes, faire revenir 30 mn à feu doux. Éplucher les aubergines, les couper en gros morceaux, les ajouter au reste. Épicer, ajouter l'ail coupé grossièrement, l'eau et laisser mijoter encore 1 heure. Servir chaud.

Viande Fumée à l'Oignon

pour 6 à 8 personnes

1/2 kg de viande fumée
1 kg d'oignons
2 tomates mûres
1 tasse de vin rouge

1/4 tasse d'huile
1 ou 3 piments piquants (facultatif)
1 cuillerée de paprika

Couper la viande en cubes. Émincer l'oignon, la faire revenir dans l'huile 1 heure en la mélangeant sans arrêt. Ajouter la viande et les tomates pelées, coupées en cubes. Epicer, ajouter l'eau et laisser mijoter 1 heure. Ne pas saler. Accompagner d'un riz ou de pâtes.

Photo de droite: Rate farcie (recette p. 88)
Photos suivantes: Poulet farci de dattes (recette page 107), Mouton aux amandes vertes (recette page 118).

Épaule de Mouton Farcie

pour 6 à 8 personnes

1 épaule de mouton (d'environ 2 kg)
1 tasse d'olives vertes émincées
1 tasse de viande hachée
1 tasse de champignons émincés
1 tasse d'amandes concassées
3 oeufs
2 cuillères de chapelure
1 cuillère de coriandre émincé
1/4 tasse de persil émincé
2 ou 3 gousses d'ail écrasé
1/4 tasse d'huile
1 cuillerée de macis

1/8 cuillerée de safran ou 1/4 de curcuma
1/2 cuillerée de poivre blanc en poudre
1/2 cuillerée de sel

Sauce

2 ou 3 gousses d'ail écrasé
1 tasse de vin rouge (aigre)
1/4 tasse d'huile
1/8 c. de safran ou 1/4 c. de curcuma
1/4 c. de poivre blanc en poudre
1 pincée de sel

Demander au boucher de désosser l'épaule. La laver et égoutter.
Préparer la farce: dans un récipient, mélanger olives, champignons, amandes, persil, coriandre, ail, chapelure, huile et épices. Ajouter les oeufs. Bien mélanger le tout et farcir l'épaule. Coudre l'ouverture de la farce à l'aide d'une aiguille et du fil.
Préparer une sauce avec l'huile, l'ail et un peu d'épices et en enduire l'épaule. Chauffer l'huile dans une grande marmite et faire dorer à feu vif de tous les côtés.
Couvrir la marmite, réduire le feu et laisser mijoter. Après 30 mn de cuisson, ajouter 1 tasse de vin et continuer la cuisson jusqu'à ce que la viande soit bien tendre. Laisser tiédir et couper en tranches. Napper de sauce avant de servir.

Rouleau de Boeuf Farci

pour 6 à 8 personnes

Farce:

1 rouleau de boeuf (1 1/2 kg)
250 à 300 g de viande hachée
3 à 4 oeufs durs
2 oeufs frais
2 tranches de pain
1 tasse de consommé de viande
1/4 tasse de persil
1 cuillerée d'épices à boulettes
1/2 cuillerée de poivre noir moulu
3 à 4 cuillères d'huile
1/2 cuillerée de macis
1/4 cuillerée de curcuma
1/4 cuillerée de sel

Sauce:

2 tomates
2 oignons
1/4 tasse d'huile
1 tasse d'eau
1/4 tasse de flocons de persil
2 ou 3 feuilles de laurier
1/4 cuillerée de poivre noir
1 pincée de sel

Photo de gauche: Gallantine de poulet (recette en page 106).

Ouvrir en incisant le rouleau (filet) sur un côté dans le sens de la longueur. En extirper de l'intérieur un morceau (4 à 5 cm d'épaisseur), de façon à former une cavité que l'on va farcir. Hacher ce morceau qui sera ajouté à la farce. Tremper les tranches de pain dans le consommé de viande, les presser avec la main pour les égoutter, les incorporer au hachis de viande, ajouter les épices, le persil émincé, le sel et les oeufs frais. Farcir le rouleau de ce mélange, y ajouter les oeufs durs coupés en morceaux. Coudre l'ouverture du rouleau à l'aide d'une aiguille enfilée, le ficeler sur toute sa longueur. Dans une marmite, disposer les oignons, tomates pelées et entières, le restant d'épices, l'huile, et feuilles de laurier. Mettre par-dessus le rouleau de viande et faire dorer à feu vif, les retourner de temps à autre pendant 5 mn. à feu doux. Arroser d'une tasse d'eau bouillante, réduire le feu, puis cuire encore 45 mn. Laisser refroidir le rouleau et le couper en tranches. Servir avec la sauce chaude. On peut également faire cuire au four. Parsemer de persil.

Tranches de Viande Marinée

pour 4 à 6 personnes

Marinade
1 rôti (1 kg)
6 à 8 gousses d'ail
6 à 8 grains de poivre noir
1 pincée de noix de muscade rapée
1/4 tasse de vinaigre
1 pincée de salpêtre
2 litres d'eau
1 cuillère de gros sel
1/4 cuillerée de poivre noir moulu

Sauce:
1/4 tasse d'huile
3 à 4 feuilles de laurier
1/2 tasse de flocons de persil
3 cuillères de câpres
1/4 cuillerée de curcuma

Utiliser une viande ficelée ou un rouleau (filet). Piquer à l'aide d'un couteau pointu et introduire dans chaque orifice une gousse d'ail et quelques grains de poivre. Dans une casserole, porter à ébullition l'eau additionnée de vinaigre, sel et épices. Laisser refroidir et immerger la viande. Transvaser dans un récipient en pyrex et garder au réfrigérateur 24 h. De temps en temps, retourner la viande dans sa marinade. Si elle est trop salée, la faire bouillir dans de l'eau que l'on jettera. Mettre la viande dans une marmite de forme ovale de préférence, ajouter l'huile et les feuilles de laurier puis faire dorer à feu doux 1 h. Continuer la cuisson dans le jus de viande (ajouter 1 tasse d'eau si nécessaire) jusqu'à ce qu'elle soit bien tendre, puis y incorporer les câpres, le persil et laisser mijoter encore 5 à 10 mn. Refroidir, couper en tranches puis arroser de jus chaud.

Tranches de Viande à la Marjolaine "Mert-Dedouche"

pour 6 à 8 personnes

1 1/2 kg de viande rouge
1 oignon
1 carotte
1/4 tasse d'huile
1 tasse d'eau

1 cuillère de marjolaine
1/4 cuillerée de curcuma
1/2 cuillerée de poivre noir
1 pincée de sel

Trancher la viande. Mélanger tous les ingrédients et en enduire la viande. Faire dorer chaque tranche des 2 côtés et mettre dans une marmite assez large. Ajouter l'oignon et la carotte (entiers) faire mijoter 1 heure. Saupoudrer de marjolaine moulue les tranches (ajouter l'eau si nécessaire). L'oignon et la carotte relèvent seulement le goût.

Les Abats "Douara"

pour 4 à 6 personnes

1 kg de tripes
1/2 kg de poumon
1/4 kg de coeur
1/4 kg de foie grillé
6 à 8 gousses d'ail
2 à 3 cuillères d'huile

2 à 3 tasses d'eau
3 à 4 litres d'eau (pour nettoyer les tripes)
1 1/2 cuillerée de cumin
1 cuillerée de paprika doux
1/2 cuillerée de paprika piquant
Sel (au goût)

Pour accompagner: 1 kg de petites pommes de terre, 1 cuillère de marjolaine.

Laver soigneusement tous les abats préalablement nettoyés, les couper en cubes, les tremper dans l'eau additionnée de vinaigre pour les blanchir. Faire revenir l'ail grossièrement coupé dans l'huile, ajouter les cubes d'abats, saupoudrer de sel, cumin et paprika et faire cuire en ajoutant 2 tasses d'eau. Lorsqu'il ne reste que le quart du liquide et que les abats sont bien tendres, les retirer du feu. Les servir chauds, accompagnés de pommes de terre cuites dans l'eau salée et saupoudrées de marjolaine.

Remarque: Pour nettoyer les abats, les tremper dans l'eau bouillie, quelques minutes. Les égoutter puis gratter à l'aide d'un couteau la surface brune jusqu'à obtention d'une peau blanche et propre. Rincer abondamment dans l'eau additionnée de vinaigre, puis égoutter.

Les familles juives du sud du Maroc avaient pour coutume de consommer ce mets la veille de Pessah.

Pied de Boeuf au Cumin "Elkerâa Belkemoun"

pour 4 à 6 personnes

1 pied de boeuf (ou 2 paires
 de pieds de mouton)
2 tasses de pois-chiches trempés
2 litres d'eau
6 à 8 gousses d'ail

3 à 4 piments rouges secs (piquants)
2 à 3 cuillerées d'huile (facultatif)
1 cuillère de cumin
1 cuillère de paprika doux
1/2 cuillerée de sel

Tremper les pois-chiches la veille, éponger puis frotter entre les 2 paumes de la main pour en ôter la pellicule qui les recouvre. Laver et couper le pied de boeuf en morceaux, les disposer dans une marmite plus l'ail émincé, les piments, les épices et l'eau. Cuire 3 h. (ou 1h30 à la cocotte-minute). Après les 2 premières heures, ajouter les pois-chiches. Ne laisser que le quart du liquide. Servir chaud. Peut être préparé sans pois-chiches.

Rate Farcie aux Petites Pommes de Terre

pour 10 à 12 personnes

1 rate de boeuf
1 aiguille et du fil
1 à 1/2 kg de petites pommes de terre
  (facultatif)

Farce:
1/2 kg de viande grossièrement
  hachée (ou émincée)
1/4 kg de graisse de boeuf émincée
1/2 kg de foie de poulet, grillé
3 à 4 piments rouges secs (piquants)
6 à 8 gousses d'ail
1/2 tasse de flocons de persil

1/2 tasse de coriandre
1/2 cuillerée de paprika doux
1 cuillerée de paprika piquant
1 cuillère de cumin
1/2 cuillerée de poivre noir
1 cuillerée plate de sel

Sauce:
1/2 tasse d'huile
1/4 cuillerée de poivre noir
1/2 cuillerée paprika piquant ou doux
1 pincée de sel

Faire ouvrir la rate par le boucher afin d'en obtenir une poche intérieure (on peut le faire soi-même mais le risque de déchirures est grand). Rincer et laisser égoutter. Entre-temps, préparer la farce: tremper les piments secs dans l'eau 15 mn. Émincer ou hacher grossièrement la viande. Ajouter la coriandre, persil, ail et les piments égouttés, y incorporer toutes les épices puis la graisse émincée et les morceaux de foie grillés. Mélanger le tout et farcir, par l'orifice, toute la rate très délicatement afin de ne pas déchirer. Coudre cet orifice et façonner à l'aide des 2 mains un gros saucisson que l'on applatit. (S'il y a déchirures, les coudre également). Dans un bol, préparer la sauce avec tous les condiments indiqués et enduire la rate entièrement. Disposer dans un plat allant au four et arroser du restant de sauce. Couvrir d'un papier aluminium et cuire au four chaud pendant 2 heures. Pendant ce temps, bouillir les pommes de terre après les avoir rincées sans les peler, 15 mn. Ôter la peau et disposer tout autour de la rate 1 h. après son enfournement. Pendant la cuisson, arroser continuellement les pommes de terre et la rate avec leur jus. Servir chaud. On peut aussi préparer la rate sans pommes de terre.

Viande de Tête de Boeuf au Cumin

pour 4 à 6 personnes

1 kg de viande de tête de boeuf
1/2 kg de pommes de terre
1/4 tasse de flocons de persil
6 à 8 gousses d'ail
1/4 tasse d'huile
3 à 4 tasses d'eau

1 cuillerée de cumin (en grains)
1/4 cuillerée de cumin en poudre
1/2 cuillerée de paprika doux
1/2 cuillerée de paprika piquant
1/4 cuillerée de sel

Laver soigneusement la viande et la découper en cubes. La faire revenir dans l'huile, ajouter l'eau puis les ingrédients. Cuire pendant 1 h. Mettre par-dessus les pommes de terre coupées en cubes ainsi que l'ail émincé. Continuer la cuisson jusqu'à ce que la viande devienne bien tendre (laisser un peu de sauce). Parsemer de flocons de persil. Servir ce plat bien chaud.

Viande particulièrement savoureuse apprêtée sous forme de "goulash" à la marocaine.

Langue Marinée

1 langue
6 à 8 gousses d'ail
1/2 tasse de vinaigre
4 à 6 feuilles de laurier
1/4 tasse d'huile
2 à 3 mètres de ficelle de coton
1/8 cuillerée de salpêtre
1 cuillerée de clou de girofle (grossièrement haché)
1 cuillerée de poivre blanc
1 cuillerée de coriandre (grossièrement hachée)
1 cuillerée de paprika doux
2 cuillères de gros sel

Laver la langue. Mélanger toutes les épices, l'ail émincé, le salpêtre et le vinaigre. Frotter la langue avec ce mélange puis congeler dans un bocal hermétique et laisser 5 à 6 jours. Dégeler la langue et la secouer pour en ôter les épices. Rincer sous le robinet. Ficeler (sur toute la longueur) et mettre dans une casserole, couvrir d'eau, porter à ébullition 1 heure. Retirer de l'eau et enlever la peau qui la recouvre. Remettre dans la casserole, ajouter l'eau, les feuilles de laurier et cuire 2 heures. Refroidir et couper en tranches fines. Peut accompagner un légume ou être servie comme viande froide. Une langue donne 10 à 12 tranches normales ou 20 à 25 lorsqu'elle est servie lors d'un cocktail.

Cervelle au Citron "Elmoukh Belhamd"

pour 4 à 6 personnes

2 cervelles de veau
1 citron
2 jaunes d'oeufs
1/4 tasse d'huile
1 cuillère de persil émincé
1/4 tasse de vinaigre
1 tasse d'eau
1 gousse d'ail
1/2 cuillerée de poivre blanc
1 pincée de safran
1/4 cuillerée de sel

Laver, nettoyer et rincer les cervelles (voir recette précédente). Faire bouillir (5 mn) dans l'eau additionnée de vinaigre. Égoutter. Couper en cubes (grosseur moyenne) et mettre à cuire 30 mn, assaisonner de poivre, safran et 1 tasse d'eau. Incorporer le jus de citron aux jaunes d'oeufs, battre le tout et verser par-dessus. Parsemer de persil et laisser cuire encore 5 mn. Servir ce plat chaud.

Cervelle de Veau aux Câpres

pour 4 à 6 personnes

2 à 3 cervelles de veau
2 oeufs
1/2 tasse de flocons de persil
1/2 tasse de farine
3 à 4 cuillères de vinaigre
1/2 cuillerée de poivre blanc

Sauce:
3 à 4 cuillères de câpres
1/2 citron   1/2 tasse d'huile
1/2 tasse de jus de viande (ou d'eau)
1/8 cuillerée de safran (ou curcuma)
1/2 cuillerée de poivre blanc
1/2 cuillerée de sel

Laver les cervelles, leur ôter la fine pellicule qui les recouvre, les rincer. Faire bouillir (5 mn) dans l'eau additionnée de vinaigre. Egoutter et couper délicatement, en tranches (1 cm d'épaisseur environ). Battre les oeufs, y incorporer le persil, le sel, le poivre, et mélanger. Enrober dans la farine puis dans l'oeuf, les tranches. Répéter l'opération (farine puis oeuf) et faire dorer dans l'huile chaude. Les disposer dans une casserole assez large, préparer la sauce et la verser par-dessus puis laisser cuire 20 mn.
Arroser, en dernier, de jus de citron et faire mijoter encore 5 mn.
Servir ce plat chaud ou froid.
On peut également faire cuire les cervelles sur un lit de boulettes de viande sans les faire frire.

Foie de Boeuf à la Vinaigrette

pour 4 à 6 personnes

4 à 6 tranches de foie
1/4 tasse d'huile
4 à 5 cuillères de vinaigre
1/2 tasse de coriandre émincée
1/2 tasse de persil émincé

4 à 5 gousses d'ail
1 cuillerée de cumin
1 à 2 cuillerées de sahka
   (voir recette)
1/2 cuillerée de sel

Préparation de la vinaigrette: Émincer le persil, la coriandre et l'ail. Ajouter le vinaigre, l'huile le cumin et la sahka puis mélanger le tout.
Saupoudrer de sel les tranches de foie et les griller, les secouer du surplus de sel et faire frire. Les disposer dans un plat de service puis arroser de vinaigrette et servir.

Autre préparation: Après avoir grillé les tranches de foie, les tremper dans la vinaigrette, les rouler dans la farine et les frire.

Mouton Cuit à la Vapeur

pour 6 à 8 personnes

1 épaule de mouton (ou des
   côtelettes) 2 kg environ
1 oignon
1/2 tasse de coriandre émincée
Branches de persil
1 cuillère de cumin

1 cuillère de paprika doux
Eau
1 cuillerée de poivre noir
1 1/2 cuillerée de sel
Couscoussier

Remplir à moitié d'eau la marmite du couscoussier. Y jeter l'oignon pelé et les branches de persil (sans les feuilles). Mélanger toutes les épices et enduire chaque morceau de mouton, généreusement. Les placer dans le couscoussier que l'on adapte à la marmite. Evaporer 3 h.
De temps en temps, retourner la viande afin qu'elle cuise de tous les côtés.
Lorsque la viande est bien tendre, parsemer de coriandre émincée et laisser encore 15 mn.
Servir chaud sans sauce.
Mettre le restant d'épices à table afin que chacun s'en serve à son goût.
Le mouton ainsi évaporé perd une partie de son "gras" et la saveur en est plus raffinée.

Poitrine de Boeuf Marinée "Sedriya"

Mariner la poitrine de boeuf en procédant de la même façon que pour la langue.

Langue aux Câpres

pour 10 à 12 personnes

1 langue de boeuf
4 à 5 cuillères de câpres
4 à 5 gousses d'ail
3 à 4 feuilles de laurier
1/4 tasse jus de citron (facultatif)
2 jaunes d'oeufs (facultatif)

1/4 tasse d'huile
3 litres d'eau
1/4 cuillerée de curcuma
1 cuillerée de poivre blanc
1/2 cuillerée de sel

Disposer la langue dans une marmite, couvrir avec 3 litres d'eau et faire bouillir 1 h. Retirer la peau qui la recouvre et rincer. Remettre dans la marmite, ajouter l'ail, les feuilles de laurier, le sel, l'huile et 3 tasses d'eau. Cuire jusqu'à ce que la viande devienne tendre. Laisser refroidir puis couper en tranches (1 cm d'épaisseur). Disposer les tranches dans la marmite, verser par-dessus les câpres, épicer et continuer la cuisson encore 30 mn. Si l'on désire relever avec une sauce: battre les jaunes d'oeufs, ajouter le jus de citron, mélanger et verser par-dessus. Laisser mijoter encore 15 mn. Disposer dans un plat de service et servir chaud.

Si la langue est marinée, réduire la quantité de sel.

Langue aux Champignons et aux Olives

pour 10 à 12 personnes

1 langue de boeuf
2 tasses d'olives dénoyautées
2 tasses de champignons coupés
8 à 10 petits oignons
Concentré de 2 tomates
2 tasses de vin blanc (sec)
1/4 tasse d'huile

1 tasse d'eau
1/2 tasse de persil
1/2 cuillerée de poivre noir
4 à 5 clous de girofle
1/4 cuillerée de curcuma
Sel (au goût)

Voir recette précédente pour préparation de la langue.
Piquer la langue de clous de girofle, la mettre à cuire dans une grande marmite, avec l'huile, le concentré de tomates et les oignons, pendant 45 à 60 mn à feu doux. Ajouter les champignons rincés, les olives, les épices et le vin et laisser mijoter, à feu doux, 2 h. Retirer la langue, laisser tiédir, couper en tranches et remettre dans la marmite. Parsemer de flocons de persil et laisser encore 10 mn puis servir. Au besoin, on peut ajouter 1 tasse d'eau pendant la cuisson.

Mouton aux Truffes

pour 4 à 6 personnes

- **1 1/2 kg de côtelettes de mouton**
- **1 kg de truffes**
- **2 à 3 cuillères de vinaigre**
- **4 à 5 gousses d'ail**
- **2 tasses d'eau**
- **1/4 cuillerée de safran (ou curcuma)**
- **1/2 cuillerée de poivre blanc**
- **1/4 cuillerée de sel**

Éplucher et tremper les truffes dans l'eau additionnée de vinaigre, puis rincer abondamment. Les couper en moitiés ou en quarts (selon la grosseur). Mélanger toutes les épices avec l'ail émincé puis enrober les côtelettes et les truffes de ce mélange. Placer dans une casserole les côtelettes et par-dessus les truffes. Arroser de 2 tasses d'eau et cuire 2 h. à feu doux.

En général, ce plat était élaboré à l'occasion du 1er jour de Pessah. On avait coutume d'égorger un mouton et d'en consommer la viande durant toute la période des fêtes, période qui coïncide également avec la saison des truffes, bien courte d'ailleurs et dont la durée dépend des conditions climatiques. C'est en hiver, lorsque les orages sont très fréquents que les fructifications mûrissent et donnent ce type de champignons très recherché.

Mamelles de Vache aux Oeufs "Elboubressa"

pour 4 à 6 personnes

- **1 kg de mamelles**
- **4 à 6 oeufs (selon le nombre de personnes)**
- **4 à 5 gousses d'ail**
- **1/4 tasse de flocons de persil**
- **1/4 tasse d'huile**
- **1/2 cuillerée de poivre blanc**
- **1 cuillerée de paprika doux**
- **1/4 cuillerée de paprika piquant (facultatif)**
- **1/2 cuillerée de sel**

Laver et couper les mamelles en gros cubes. Frire dans l'huile. Ajouter l'ail émincé et les épices, réduire le feu et couvrir. Laisser cuire 30 mn. Lorsque la viande est bien tendre, casser les oeufs par-dessus. Saupoudrer du mélange d'épices. Recouvrir 10 mn. Parsemer de persil et servir bien chaud. Accompagner d'un petit verre de Mahia (eau-de-vie).
Les mamelles peuvent être préparées sans oeufs.

Langue aux Céleri et Petits Pois

pour 10 à 12 personnes

- **1 langue de boeuf**
- **1 kg de céleri**
- **1 kg de petits pois**
- **1/4 tasse d'huile**
- **2 à 3 gousses d'ail**
- **3 tasses d'eau**
- **1/2 cuillerée de poivre noir**
- **1/4 cuillerée de curcuma**
- **Sel**

Voir recettes précédentes pour la préparation de la langue.

Après l'avoir nettoyée, faire dorer dans l'huile (à feu doux) avec l'ail émincé. Ajouter l'eau et laisser cuire 1h. 30. Entre-temps, couper les branches de céleri en morceaux (5 à 6 cm), rincer et égoutter. Couper la langue en tranches, une fois tiède. Mettre dans une marmite céleri et petis-pois et disposer par-dessus les tranches de langue. Epicer et continuer la cuisson encore 1h. 30 à feu doux. Servir ce plat chaud.

Foie de Poulet Grillé

pour 4 à 6 personnes

1/2 kg de foie de poulet
1/4 tasse de coriandre
1/4 tasse de persil
1/4 tasse d'huile

1/2 gousse d'ail
1/2 cuillerée de paprika doux
1/2 cuillerée de paprika piquant
1/2 cuillerée de sel

Verser l'huile dans un bol, ajouter toutes les épices, l'ail émincé, le persil et la coriandre puis mélanger le tout. Tremper le foie dans le mélange, griller ensuite au four sur un gril ou sur une plaque. Servir de suite. Accompagner de pommes de terre (non pelées) grillées au four.

La Grillade "Chouah"

Au Maroc, la grillade des viandes et poissons sur charbon de bois est chose courante. Grâce au climat très clément, toutes les occasions sont bonnes pour organiser des soirées de grillade (barbecue), au grand air, sur la terrasse, au patio ou au jardin. À l'époque, les familles aisées, agrémentaient ces veillées en faisant venir des musiciens "Dnadnia" et la musique andalouse battait son plein. Il existe encore au Maroc des restaurants spécialisés en grillade, appelés "chouwaya", qui ne servent que cela. En période de pélerinage, les pélerins avaient coutume d'égorger des moutons et de les faire griller à la broche sur charbon de bois. Lors d'un mariage aussi, la grillade occupait une place prépondérante.

Côtelettes de Mouton Grillées

pour 4 à 6 personnes

2 kg de côtelettes de mouton
1 1/2 cuillerée de poivre noir
1 cuillerée de paprika doux

1 cuillère de feuilles de
 menthe émincées
1 1/2 cuillerée de sel

Mélanger toutes les épices sauf la menthe. Saupoudrer chaque côtelette de ce mélange et laisser reposer 1 h. Griller sur charbon de bois ou au gril.
Parsemer de menthe.

Mamelles Grillées "Boubressa Mechouiya"

Laver, couper en cubes et enfiler sur des brochettes.
Saupoudrer de sel, de poivre et griller.

Brochettes de Viande et Légumes "Elketbane"

pour 4 à 6 personnes

1 kg de viande de boeuf (ou mouton)
3 à 4 oignons
3 à 4 tomates fermes
1/4 tasse d'huile

1 cuillerée de poivre noir
1 cuillerée de basilic
1 cuillerée de sel

Couper la viande en cubes ainsi que les tomates et oignons. Mélanger dans l'huile toutes les épices et y faire macérer la viande 2h. environ. Disposer sur des brochettes, en les alternant, les cubes de viande, d'oignon et de tomate. Griller sur charbon de bois ou au gril. Laisser la viande juteuse.

Biftecks Grillés

pour 4 à 6 personnes

4 à 6 biftecks
1/2 tasse d'huile
1 cuillère de marjolaine

1/2 cuillère de basilic
1 cuillerée de poivre noir
1 cuillerée de sel

Diluer dans l'huile la marjolaine et le basilic, incorporer le reste d'épices et le sel. Laisser macérer les biftecks dans ce mélange 2 à 3 heures.
Griller (de préférence sur charbon de bois). Laisser les biftecks légèrement saignants.

Le Boudin

pour 6 à 8 personnes

1/2 kg de boyaux nettoyés
1/2 kg de foie de boeuf grillé
1 kg de viande hachée
1/4 kg de graisse de boeuf
1/4 tasse d'huile
1 gousse d'ail

3 cuillères de sahka (voir recette)
1 1/2 cuillère de cumin
3 cuillères de vinaigre
2 à 3 cuillères d'eau
1/2 cuillerée de sel

Hacher la viande, la graisse et l'ail, y incorporer toutes les épices. Ajouter l'eau. Bien rincer les boyaux, les tremper 10 mn dans le vinaigre. Les éponger et nouer une des extrémités (les boyaux doivent avoir 50 à 60 cm de long). Couper le foie en dés, mélanger au hachis de viande et farcir les boyaux (pousser en pressant avec la paume de la main), en former des boudins de 2 à 3 cm d'épaisseur. Nouer l'autre extrémité. Griller sur charbon de bois ou au gril. Ils peuvent être également frits mais ce n'est pas très recommandé.

Remarque: Généralement, le boucher nettoie les boyaux avant de les vendre. Dans le cas contraire, prendre soin de les retourner avec le manche d'une cuillère en bois et de les gratter, délicatement avec un couteau aiguisé, rincer abondamment sous le robinet.

Brochettes de Viande et d'Abats

pour 6 à 8 personnes

1/2 kg de viande de boeuf (ou mouton)
1/4 kg de coeur de boeuf
1/4 kg de graisse de boeuf
1/4 kg de foie de boeuf

1/2 tasse d'huile
1 cuillère de marjolaine
1 1/2 cuillerée de poivre noir
1 cuillerée de sel

Couper la viande et les abats en cubes. Faire macérer dans le mélange d'huile et d'épices, environ 2 h. Les disposer sur des brochettes en les alternant. Griller de préférence sur charbon de bois.

Hamburgers Orientaux "Kefta"

pour 4 à 6 personnes

1 kg de viande hachée
1/2 tasse de coriandre émincée
3 à 4 cuillères d'eau
6 à 8 gousses d'ail

1/4 tasse d'huile
2 cuillerées de cumin
1/2 cuillerée de paprika piquant
1 cuillerée de sel

Mélanger la viande hachée avec l'ail et la coriandre. Epicer, ajouter l'huile et l'eau. Former des hamburgers (5 à 6 cm de diamètre et d'1 cm d'épaisseur), lisser en enduisant la main d'huile. Griller sur charbon de bois ou au gril. On peut également en faire des brochettes.

Boulettes Bonne Maman

Recette de base: pour 6 à 8 personnes

1 kg de viande
1 pomme de terre
1 oignon
1/2 tasse de persil
1 oeuf

3 à 4 cuillères d'huile
2 à 3 cuillères d'eau
1 1/2 cuillerée d'épices mélangées
  (épices à boulettes)
1/4 cuillerée de sel

Cette préparation est la recette de base de tous les types de boulettes.

Hacher la viande, la pomme de terre, l'oignon et le persil. Ajouter les épices, l'huile, l'eau et l'oeuf. Mélanger bien le tout. Enduire la paume de la main d'huile pour former des boulettes rondes de la grosseur voulue.

Il est préférable de laisser reposer la viande hachée et épicée 15 à 20 mn avant son utilisation afin de l'imprégner du goût des épices. Les "épices mélangées" sont préparées spécialement pour les boulettes ou farces. (Voir plus loin recette du mélange d'épices "Lékama".)

Boulettes à la Sauce Tomate

pour 6 à 8 personnes

1 kg de viande hachée
  (voir recette de base)
2 kg de tomates mûres
1 cuillerée de paprika doux
2 poivrons verts (piquants)
4 à 5 gousses d'ail

1/2 tasse d'huile
1/4 cuillerée de curcuma
1/2 cuillerée de poivre noir
1 cuillerée de sucre
1/4 cuillerée de sel

Tremper les tomates dans l'eau bouillie 5 à 10 mn. Peler et passer à la moulinette. Mettre dans une casserole, ajouter le sucre, l'huile, les épices, les poivrons verts, l'ail, le sel et cuire 1 h. Graisser la paume de la main, former des boulettes plates (kefta) de 5 à 6 cm. Disposer dans la sauce tomate qui continue de cuire puis prolonger la cuisson 1 heure.
Servir chaud. Accompagner de riz ou de purée de pommes de terre.

Boulettes de Foie et de Viande

pour 4 à 6 personnes

Boulettes:

1/2 kg de viande hachée
1/2 kg de foie de poulet (ou boeuf)
1/4 tasse d'huile
1/4 tasse de coriandre
1 cuillerée de cumin
3 à 4 gousses d'ail

Sauce:

1/2 tasse d'eau
1 cuillerée de cumin
1 cuillerée de paprika doux
2 à 3 gousses d'ail émincé
2 à 3 cuillères d'huile
1/2 cuillerée de sel

Hacher la viande, l'ail et la coriandre. Griller le foie, l'émincer. Épicer et mélanger le tout avec l'huile. Former des petites boulettes.
Faire la sauce en portant à ébullition l'eau, les épices, l'ail et le sel.
Y incorporer les boulettes et laisser cuire, à feu doux, 1 heure.
Accompagner de petites pommes de terre ou de riz.

Photo de droite: au centre: poulet au fenouil, en haut à droite: mouton aux coings, à gauche: fonds d'artichauts et cardes farcies (recette en page 111, 56).
Photo suivante: Le pain du Shabbat (recette en page 144).

Mélange d'Épices "Lékama"

2 cuillères de macis
1 cuillère de poivre noir
1 cuillerée de gingembre moulu
1 cuillère de poivre blanc

1 cuillerée de cannelle
1 cuillère de curcuma
1 noix de muscade rapée

Mélanger le tout et conserver dans un bocal pour assaisonner les boulettes.

Boulettes Farcies d'Oeufs

pour 6 à 8 personnes

1 kg de viande hachée (voir recette de base)
5 oeufs durs
2 oeufs frais
5 à 6 gousses d'ail
1/2 tasse de persil
1/2 tasse de farine

3 tasses de sauce de tomates fraîches (ou citron)
Huile pour friture
1 tasse d'eau
1/2 cuillerée de poivre noir
1/4 cuillerée de sel

Préparer la viande selon la recette de base. Couper en 4, dans le sens de la longueur, les oeufs durs. Prendre environ 30 grammes de viande hachée, l'étaler sur la paume de la main, légèrement graissée, placer au milieu 1/4 d'oeuf bouilli, refermer la main puis former une boulette allongée de 5 à 6 cm de long, enrober dans la farine puis dans l'oeuf et frire dans l'huile très chaude, quelques minutes seulement. Dans une casserole, cuire la sauce tomate et y incorporer les boulettes. Ajouter l'ail émincé, saler, poivrer, parsemer de persil émincé et verser l'eau en dernier. Cuire à petit feu 2 heures.

Boulettes Farcies d'Oignon

pour 6 à 8 personnes

1 kg de viande hachée (voir recette de base)
3 à 4 gros oignons
2 oeufs
1/2 tasse de persil émincé

1/2 tasse de farine
1 tasse d'eau
1/2 cuillerée de poivre noir
1/4 cuillerée de sel

Éplucher, rincer et couper en quartiers assez fins les oignons. Épicer la viande hachée selon la recette de base. Étaler sur la paume de la main graissée 30 gr. de viande hachée, placer au milieu un quartier d'oignon puis former une boulette allongée de 5 à 6 cm. Enrober de farine puis d'oeuf. Frire dans l'huile très chaude. Faire revenir le restant d'oignons, les ajouter aux boulettes ainsi que le persil émincé, le sel, le poivre et 1 tasse d'eau. Cuire à feu doux 1 heure.

Photo de gauche: Dinde farcie (recette en page 117)

Rôti de Viande à la Moutarde

pour 6 à 8 personnes

1 Rôti (1 1/2 kg)
2 tomates
2 oignons
2 cuillères de moutarde
1 tasse d'eau
2 à 3 cuillères de persil émincé

1/4 tasse d'huile
2 à 3 feuilles de laurier
1/2 cuillerée de poivre noir
1/4 cuillerée de curcuma
1/2 cuillerée de sel

Enduire la viande de moutarde, saler et épicer. Dorer dans l'huile chaude à feu vif 10 mn environ. Y incorporer les tomates, les oignons, les feuilles de laurier, réduire le feu et laisser cuire encore 1 heure. Ajouter l'eau et attendre que la viande soit bien tendre. Retirer le rôti, laisser tiédir et couper en tranches. Parsemer de persil. Servir la sauce séparément.

Fèves à la Viande

pour 4 à 6 personnes

1 kg de viande de boeuf
1 kg de fèves vertes
1 oignon frais
1/4 tasse d'huile

1/2 cuillerée de poivre noir
1/4 cuillerée de curcuma
2 tasses d'eau
1/2 cuillerée de sel

Émincer et faire revenir l'oignon. Ajouter la viande coupée en cubes, laisser cuire 1 heure, puis ajouter les fèves pelées et rincées. Épicer et verser l'eau par-dessus (2 tasses). Laisser cuire encore 1 heure et servir chaud.

Boulettes aux Champignons

1/2 kg de viande hachée (voir recette)
1/2 kg de champignons
1 oignon émincé
2 cuillères de farine
1 1/2 tasse de vin
1 tasse d'eau

1/4 tasse d'huile
1/2 cuillerée de poivre blanc
1/8 cuillerée de safran
  ou (1/4 cuillerée de curcuma)
1/2 cuillerée de sel

Faire revenir l'oignon émincé, ajouter les champignons et laisser dorer 10 mn. Verser par-dessus le vin et porter à ébullition. Former de très petites boulettes, les incorporer au reste, épicer et laisser cuire à feu doux 30 mn.
Préparer une sauce avec le mélange d'huile, de farine et d'eau, assez épaisse et l'ajouter en mélangeant. Laisser cuire encore 30 mn.
Accompagner d'un riz ou de pommes de terre. Servir chaud.

Boulettes au Cumin

pour 6 à 8 personnes

1 kg de viande
5 à 6 gousses d'ail
1/2 tasse de coriandre
1/4 tasse d'huile
2 à 3 cuillères d'eau (pour les boulettes)

1 tasse d'eau
1 1/2 cuillerée de cumin
1 cuillère de paprika (doux ou piquant)
1/2 cuillerée de sel

Hacher la viande l'ail et la coriandre, mélanger avec 2 cuillères d'huile, 1 cuillère de cumin et 2 cuillères d'eau. Chauffer, dans une casserole, 1 tasse d'eau, 2 gousses d'ail émincé et le restant d'épices. Former des boulettes plates et rondes, les ajouter dans cette sauce, cuire 1 heure à feu doux. On peut épaissir la sauce en y ajoutant 1 cuillère de poudre d'amande ou 1 cuillère de farine diluée dans l'eau ou encore dans un peu de sauce (bien mélanger pour ne pas former de grumeaux). Vers la fin de la cuisson, parsemer d'une cuillère de coriandre et 1/2 cuillerée de cumin.
Il est recommandé de ne pas épaissir avec la farine, les boulettes ne seront que meilleures.

Grosse Boulette

pour 6 à 8 personnes

1 kg de viande hachée (voir recette de base)
4 à 5 oeufs durs
1/2 tasse de persil

Sauce:
2 tasses d'eau

1/2 cuillerée de poivre blanc
1/4 cuillerée de curcuma
1/4 tasse d'huile
2-3 cuillères de persil émincé (pour décorer)
sel

Préparer la viande hachée selon la recette de base. Huiler les mains et former une grosse boulette, l'aplatir, placer au milieu d'un carré de gaze (ou étoffe fine), entourée d'oeufs durs après en avoir ôté la coquille. Dans une marmite, préparer la sauce et la porter à ébullition puis y déposer la boulette et cuire 1h. à 1h. 30. Servir chaud ou froid, décorer de persil.

Les Mets de Volaille et de Viande "Sucrés"

Les poulets remplaçaient souvent le mouton, surtout pour la préparation de mets sucrés. Ils étaient plus coûteux que la viande et c'est pour cela qu'on ne les utilisait que pour le shabbat ou les fêtes. Les dindes pour les réceptions tandis que les pigeons pour les mariages. Exception était faite à Kippour où l'on avait coutume d'égorger, en sacrifice, un coq pour chaque personne de sexe masculin et une poule pour chaque membre de la famille de sexe féminin. C'est seulement à cette occasion que la volaille était abondante durant les fêtes. On variait alors les recettes: en omelette, en grillade ou en tajine avec des légumes. Avec les abats et les ailes, on préparait "La Fricassée".
Les gens désireux d'acheter un bon poulet frais se dérangeaient jusqu'au village où les basse-cours abondaient.

Poulet aux Topinambours "Kesbia Bed Djaja"

pour 4 à 6 personnes

1 gros poulet
2 kg de topinambours
1/4 tasse d'huile
3 tasses d'eau

1/2 citron
1/4 cuillerée de curcuma
1/2 cuillerée de poivre noir
1/2 cuillerée de sel

Couper le poulet en 8 morceaux. Mélanger les épices et en frotter chaque morceau. Peler les topinambours, faire légèrement sauter dans l'huile et le restant d'épices mélangées.
Disposer les morceaux de poulet sur les topinambours, ajouter l'eau et cuire 1 heure à feu doux. Ne pas découvrir durant la cuisson.
Les topinambours ont la forme de têtes de gingembre. On les trouve seulement en automne ou au début de l'hiver.

Poulet Doré

pour 4 à 6 personnes

1 poulet
1 oignon
1/2 tasse d'huile
2 à 3 branches de persil

3 tasses d'eau
Jus d'1/2 citron
1/2 cuillerée de curcuma
1/2 cuillerée de sel

Cuire le poulet dans l'eau, l'oignon, le persil et les épices 45 mn. Retirer le poulet du bouillon, l'égoutter et faire dorer de tous les côtés dans l'huile préalablement chauffée.
Arroser de jus de citron parsemer de persil émincé et servir. Battre deux oeufs, les verser dans le bouillon en ébullition.
Servir chaud.

Poulet aux Fines Herbes

1 poulet coupé
2 tomates concentrées
1 cuillerée d'origan
1/4 cuillerée de fines herbes
1 cuillerée de paprika piquant
1/4 noix de muscade rapée

1/4 tasse d'huile
1 1/2 tasse d'eau
1 tasse d'olives vertes
1/2 citron
1/4 cuillerée de poivre
1/2 cuillerée de sel

Mélanger les fines herbes avec les épices. Frotter chaque morceau de poulet avec ce mélange, laisser reposer 2 heures. Faire revenir les tomates passées à la moulinette, ajouter la volaille et cuire 1 heure. Incorporer les olives, mouiller d'eau, continuer la cuisson 15 mn de plus. Arroser de jus de citron 5 mn avant la fin de la cuisson. Servir chaud.

Poulet aux Olives "Djaja Bezitoun"

pour 4 à 6 personnes

1 gros poulet
1 kg d'olives dénoyautées
1/2 cuillerée de curcuma
1/2 cuillerée de poivre noir
2 tomates mûres

4 à 5 gousses d'ail
1/4 tasse d'huile
1/2 citron
1/4 tasse de persil émincé

Faire bouillir les olives 2 ou 3 fois en renouvelant l'eau à chaque fois. Dans une grande casserole, faire revenir les tomates et l'ail écrasés. Ajouter les morceaux de poulet, épicer et faire revenir le tout 30 mn. Égoutter les olives et les incorporer, ajouter une tasse d'eau et laisser cuire encore 1 heure à petit feu. Saler (au goût).
Les dernières 15 mn, arroser de jus de citron et parsemer de persil.
Servir chaud ou froid.

Galantine de Poulet

pour 10 à 12 personnes

Ingrédients:

1 gros poulet
1/4 kg de viande hachée
4 oeufs bouillis
4 oeufs frais
1/4 tasse d'huile
1/2 tasse de persil émincé
1/2 tasse de pignons de pain
2 à 3 cuillères de chapelure
1 1/2 cuillerée de poivre blanc

1 cuillèrée de macis
1/2 noix de muscade
1/2 cuillerée de sel

Sauce:

1 tasse d'eau
1/4 tasse d'huile
1/4 cuillerée de safran (ou de curcuma)
1/2 cuillerée de poivre blanc

Préparation du poulet: Utiliser un poulet frais (non congelé). À l'aide d'un couteau aiguisé, découper les ailes vers le haut (à hauteur du cou) puis en retirer délicatement les os.
Continuer le découpage afin de séparer la chair des os de tout le poulet, arracher les os.
On obtient ainsi une poche. La chair ainsi récupérée devra rester entière et recouverte de sa peau.
Laver et égoutter.

Préparation de la farce: Mélanger, à l'aide d'une spatule en bois, la viande hachée, les oeufs frais, les oeufs durs coupés en dés, la chapelure, les épices et les autres ingrédients.
Farcir le poulet de ce mélange et coudre la poche.
Ficeler (de façon à obtenir un saucisson).
Dans un plat allant au four, verser le mélange d'une tasse d'eau, safran, poivre et huile.
Ajouter le poulet et cuire au four en arrosant de son jus durant tout le temps de la cuisson.
Une fois doré, laisser le poulet refroidir, couper en tranches et servir.
La galantine est très appréciée pour une réception ou pour un buffet froid.

Poulet Farci aux Dattes

pour 4 à 6 personnes

1 gros poulet
1 kg de dattes
100 g d'amandes
3 oignons
1/2 tasse d'amandes concassées
Jus d'un citron
1 cuillère de miel (ou de cassonade)
1/4 tasse d'huile

1 tasse d'eau
1 1/2 cuillerée de cannelle
1/2 cuillerée de macis
1/4 cuillerée de noix de muscade râpée
1/8 cuillerée de safran
 (ou 1/4 cuillerée de curcuma
1/2 cuillerée de poivre blanc
1 pincée de sel

Rincer et égoutter le poulet. Laver, dénoyauter et faire macérer les dattes 1 heure dans le jus de citron.
Griller les amandes, les émonder (en les frottant entre les mains). Faire revenir les oignons émincés. Mélanger les épices: cannelle, macis, poivre avec le miel (ou cassonade). Fourrer chaque datte d'une amande et d'un morceau d'oignon, les enrober du mélange d'épices puis en farcir le poulet, l'enduire du restant d'épices mélangées au safran.
Ajouter le poulet aux oignons dorés et faire revenir 1 heure à feu doux. Arroser d'une tasse d'eau et laisser cuire 30 mn de plus. Saler (au goût), parsemer d'amandes concassées. Disposer le poulet sur un plat de service, garnir de dattes, napper le tout du jus de cuisson mélangé aux oignons. Accompagner d'un riz au safran.

Rouleau de Poulet

pour 12 à 15 portions

1 kg de blanc de poulet haché
3 à 4 oeufs durs
2 oeufs frais
2 à 3 gousses d'ail écrasé
2 à 3 cuillères d'huile
1 poivron vert coupé en lanières
2 cuillères de chapelure
2 carottes râpées
1/4 tasse de persil émincé
1/4 tasse de coriandre émincée
1 cuillerée de poivre blanc

1 pointe de safran ou curcuma
1/2 cuillerée de sel
Papier aluminium (ou un carré de gaze)

Sauce:

1/4 tasse d'huile
2 tasses d'eau
1/2 cuillerée de poivre blanc
1/8 cuillerée de safran ou
1/4 cuillerée de curcuma

Dans un grand récipient, mélanger délicatement, le hachis de poulet, coriandre, persil, épices, un oeuf frais, l'huile, le sel et l'ail émincé. Ajouter les lanières de poivron, une carotte râpée et un oeuf dur.
Dans une casserole, préparer la sauce avec les ingrédients et porter à ébullition. Entre-temps, avec le hachis préparé, former 2 rouleaux, les lisser après avoir graissé les mains.
Disposer dans la sauce bouillante, réduire le feu et cuire 30 mn. Une fois les rouleaux bien pris, ôter le papier aluminium et continuer la cuisson encore 30 mn, en arrosant de temps en temps.
Servir chaud ou froid.

Poulet aux Truffes "Terfass Bed'jaj"

pour 4 à 6 personnes

1 grand poulet
1 kg de truffes
2 tasses d'eau
1 cuillerée de poivre blanc

1/2 tasse de curcuma (safran de préférence)
Vinaigre (pour rincer les truffes)
1/2 cuillerée de sel

Rincer et couper en morceaux le poulet. Les passer dans le mélange d'épices, laisser reposer. Pendant ce temps, éplucher les truffes, les tremper dans l'eau additionnée de vinaigre 10 mn. Mettre dans une marmite et disposer par-dessus les morceaux de poulet. Ajouter l'eau et le restant d'épices mélangées puis cuire 1h.30 à feu doux.

Ailes de Poulet à l'Oignon

pour 4 à 6 personnes

1 kg d'ailes de poulet
1 kg de tomates
1/2 kg d'oignons
1/4 tasse d'huile
1/2 tasse d'eau

1/2 cuillerée de paprika piquant
1/2 cuillerée de poivre noir
1/4 cuillerée de curcuma
1/2 cuillerée de sel

Peler, rincer, émincer les oignons et les faire revenir dans un peu d'huile. Peler les tomates, les couper en cubes et les incorporer à l'oignon, continuer de faire revenir 30 mn. Ajouter les ailes de poulet, épicer et verser 1/2 tasse d'eau (au besoin). Cuire à feu doux 1h. à 1h.30.

Poulet aux Pois-Chiches

pour 4 à 6 personnes

1 gros poulet
2 tasses de pois-chiches
   trempés une nuit
4 à 5 gousses d'ail
1/4 tasse d'huile

2 piments secs piquants (facultatif)
4 tasses d'eau
1/2 cuillerée de poivre noir
1/4 cuillerée de curcuma
1 pincée de sel

Nettoyer les pois-chiches et les mettre à cuire avec les piments rouges secs et l'eau pendant 1h.30 (À la cocotte, réduire d'une demi-heure le temps de cuisson). Faire mariner, entre-temps, le poulet coupé en morceaux, dans un mélange d'huile, d'eau et d'épices puis faire sauter. Lorsque les pois-chiches sont cuits (pas trop), ajouter les morceaux de poulet et cuire à feu doux encore 1 heure. Il ne devrait rester que le quart du liquide. On peut remplacer l'ail par de l'oignon et le paprika par de la cannelle, si l'on veut un arrière-goût un peu doux.

Poulet aux Navets "Djaja Belefte"

pour 4 à 6 personnes

1 gros poulet
1 1/2 kg de navets (petits de préférence)
1 oignon (moyen)
1/4 tasse d'huile

1 tasse d'eau
1/2 cuillerée de poivre noir
1/2 cuillerée de paprika
1/2 cuillerée de sel

Couper le poulet en morceaux. Peler les navets, couper en 4 et rincer. Faire revenir l'oignon émincé avec les morceaux de poulet. Ajouter les navets, les épices et l'eau.
Cuire à feu doux 1h.30.

Poulet au Safran "Djaja Bizaâfrane"

pour 4 à 6 personnes

1 poulet
1/4 tasse d'huile
1/2 tasse d'eau

1/8 cuillerée de safran
1/4 cuillerée de poivre blanc
1/4 cuillerée de sel

Couper le poulet en morceaux puis rincer. Dans une casserole, verser l'huile, ajouter le safran, le sel et le poivre, chauffer 2 à 3 mn et y incorporer les morceaux de poulet. Couvrir et laisser mijoter à feu doux 30 mn. Retourner les morceaux pour les faire dorer de tous les côtés. Verser l'eau et continuer la cuisson jusqu'à évaporation du liquide.
Le servir chaud ou froid.

Poulet aux Carottes "Tajine Djaja Bekhizou"

pour 4 à 6 personnes

1 gros poulet
1 1/2 kg de carottes
4 à 5 gousses d'ail
1 citron
1 tasse d'eau
1/4 tasse d'huile

1 cuillère de sucre
1/2 cuillerée de macis
1/4 cuillerée de poivre noir
1/4 cuillerée de curcuma
1 pincée de sel

Couper le poulet en morceaux. Mélanger l'huile avec les épices et enduire les morceaux de poulet, les faire revenir jusqu'à ce qu'ils soient dorés de tous les côtés. Peler les carottes, les rincer et les couper en lanières. Les mélanger avec le reste d'épices et l'ail, saupoudrer de sucre et faire revenir séparément 30 mn. Mettre dans une marmite et disposer par-dessus les morceaux de poulet, arroser d'une tasse d'eau, cuire 1 heure à feu doux. Les dernières 15 mn, ajouter le jus de citron. Servir ce plat chaud.

Poulet au Citron Mariné

pour 4 à 6 personnes

- 1 gros poulet (ou 4 à 5 paires de cuisses)
- 3 citrons marinés
- 3 à 4 gousses d'ail haché
- 1/4 tasse d'huile
- 1 tasse d'eau
- 1/4 cuillerée de macis
- 1/4 cuillerée de safran (ou curcuma)
- 1/2 cuillerée de poivre blanc
- 1/4 cuillerée de sel

Couper, rincer et enduire les morceaux de poulet dans un mélange d'huile et d'épices. Faire revenir en y incorporant l'ail, 30 à 45 mn, à feu doux. Retourner pour faire dorer chaque face, trancher les citrons marinés (ou couper en cubes), les ajouter et mouiller d'une tasse d'eau. Laisser cuire à feu doux 1 heure.

Les Restes de Poulet au Cumin

pour 4 à 6 personnes

- 8 à 10 ailes de poulet
- 4 à 6 cous de poulet
- 4 à 6 gésiers et coeurs de poulet
- 1/2 kg de tomates
- 1/4 tasse d'huile
- 6 à 8 gousses d'ail
- 2 tasses d'eau
- 1 cuillerée de cumin
- 1/2 cuillerée de poivre noir
- 1/4 cuillerée de curcuma
- 1/2 cuillerée de paprika doux
- 1/4 cuillerée de sel

Peler les tomates après les avoir trempées dans l'eau bouillante 5 mn, les couper en cubes et faire revenir dans l'huile chaude, y incorporer les restes de poulet, épicer, ajouter l'ail grossièrement coupé.
Cuire à feu doux 2 heures.

Poulet à l'Oignon "Djaja Belbesla"

pour 4 à 6 personnes

- 1 gros poulet
- 1 1/2 à 2 kg d'oignons
- 1/4 tasse d'huile
- 1 tasse d'eau
- 2 cuillerées de sucre
- 1 1/2 cuillerée de cannelle
- 1/4 cuillerée de safran (ou curcuma)
- 1/2 cuillerée de poivre blanc
- 1/4 cuillerée de sel

Couper le poulet en morceaux. Peler, rincer et couper les oignons en quartiers fins. Faire revenir dans l'huile 1 heure (ne pas frire). Entre-temps, frotter les morceaux de volaille avec le mélange d'épices et disposer sur l'oignon. Cuire 1 heure à feu doux. Mouiller d'une tasse d'eau au besoin.

Poulet aux Fenouils

pour 4 à 6 personnes

1 gros poulet
4 à 5 têtes de fenouil
1/4 tasse d'huile
1 tasse d'eau

1/4 cuillerée de safran ou curcuma
1/2 cuillerée de poivre blanc
1/4 cuillerée de sel

Couper le poulet. Faire un mélange d'épices et d'huile, en enduire les morceaux et faire revenir 30 mn. Nettoyer les fenouils, les couper en 4 et rincer. Dans une marmite, disposer les morceaux de poulet, saupoudrer du restant d'épices, couvrir de fenouils, arroser d'une tasse d'eau et cuire à feu doux 1h.30. Plat très raffiné au goût d'anis et à l'odeur agréable.

Pigeons des Mariés "El Hmam Del Aaroussa"

pour 2 personnes "Couple de pigeons"

Farce:

1 tasse de riz
100 g. de viande hachée
1 tasse d'eau
1/4 tasse de raisins secs
3 oignons frits
4 à 5 pruneaux émincés
1/4 tasse de noix grillées
5 à 6 abricots secs émincés

2 oeufs
1/4 tasse d'huile
1/4 tasse de persil émincé
1 cuillère de sucre
1 1/2 cuillerée de macis
1/2 cuillerée de poivre noir
1/4 cuillerée de noix de muscade râpée
1/8 cuillerée de gingembre
1/2 cuillerée de cannelle

Sauce:

3 oignons
1 tasse d'amandes frites
1/2 tasse de raisins secs bruns
Jus d'1/2 citron
1 tasse d'eau

1/4 tasse d'huile
1 cuillerée de miel
1/2 cuillerée de poivre blanc
1/8 cuillerée de safran
1 pincée de sel

Rincer et cuire le riz dans une tasse d'eau. Émincer les oignons et les frire. Tremper 1 heure les pruneaux, raisins secs et abricots, égoutter et émincer. Griller les noix, amandes et les frotter pour en ôter la peau. Dans un grand récipient, mélanger riz, fruits secs, amandes, noix, huile, viande hachée, oeufs et persil. Épicer et farcir les pigeons, coudre les 2 poches.

Préparer la sauce: Émincer et faire revenir les oignons dans l'huile. Mélanger miel, poivre, macis, safran et une pincée de sel et en enduire les pigeons. Faire dorer de chaque côté et les ajouter à l'oignon, continuer à dorer. Rincer les raisins secs et les incorporer. Émonder les amandes, les frire et les couper grossièrement (les laisser de côté). Verser 1 tasse d'eau dans un plat allant au four, disposer les pigeons et cuire 30 mn à feu moyen. Parsemer d'amandes et arroser de jus de citron. Disposer dans un plat de service et accompagner séparément de cette sauce acide-douce.

À l'époque, on avait coutume de servir aux mariés, le soir des noces, deux pigeons et ceci pour deux raisons: d'abord, parce que c'est un mets des plus raffinés, ensuite un peu par superstition, pour leur souhaiter une vie douce et pleine d'amour comme 2 pigeons.

Poulet aux Coings "Tenjia Dessferjel"

pour 4 à 6 personnes

- 1 gros poulet (ou 1 1/2 kg de viande de mouton)
- 1 1/2 kg de coings
- 2 oignons
- 1/2 tasse de raisins secs
- 1 tasse d'abricots secs
- 1 tasse de pruneaux
- 1 cuillerée de miel (ou cassonade)
- 1 tasse d'amandes frites (ou grillées)
- 1/2 citron
- 2 tasses d'eau
- 1/4 tasse d'huile
- 1 1/2 cuillerée de cannelle
- 1/2 cuillerée de poivre noir
- 1/4 cuillerée de curcuma
- 1 pincée de sel

Couper en morceaux et rincer le poulet. Dans une grande marmite, chauffer l'huile mélangée avec le poivre et curcuma puis faire dorer les morceaux de poulet. Faire bouillir les coings coupés en quartiers et épépinés, y incorporer le miel et le jus de citron, laisser cuire 30 mn. Émincer et faire revenir les oignons, les incorporer au poulet, ajouter les coings avec leur sauce. Parsemer de fruits secs et du restant d'épices. Cuire à feu doux 1 heure.
De temps à autre, remuer délicatement. S'il y a trop de jus, découvrir la marmite.
Servir séparément viande et fruits. Parsemer le tout d'amandes coupées grossièrement. Accompagner d'un riz au safran.

Poulet aux Pommes "Tenjia Betefah"

pour 4 à 6 personnes

- 1 gros poulet (ou 1 1/2 kg de côtelettes de mouton)
- 1 1/2 kg de pommes acides
- 3 oignons émincés
- 200 g. d'abricots secs
- 100 g. de pruneaux
- 1/2 tasse de graines de sésame grillées
- 1 citron
- 1 tasse de bière, vin acide, ou eau
- 1 cuillère de miel
- 1/4 tasse d'huile
- 1/8 cuillerée de gingembre
- 1 1/2 cuillerée de cannelle
- 1 cuillerée de sucre
- 1 cuillerée de poivre noir
- 1/4 cuillerée de macis
- 1 pincée de sel

Laver, couper le poulet en morceaux. Mélanger les épices, mouiller de vin (ou bière), miel et y faire macérer la volaille, les pruneaux et les abricots. Éplucher les pommes, les couper en quartiers, faire bouillir 10 mn dans l'eau additionnée de jus de citron, ajouter un bâton de cannelle et du sucre. Faire dorer dans l'huile la volaille macérée.
Disposer dans une marmite et arroser de ce jus. Parsemer de fruits secs et mouiller d'une tasse d'eau. Cuire à feu doux. Incorporer les pommes une demi-heure après (le liquide devra être réduit).
Disposer dans un plat de service, saupoudrer de graines de sésame.

Photo de droite: Fruits farcis de viande (recette en page 120).
Photos suivantes: Poisson farci (recette en page 123). À gauche en haut: Boulettes de poisson, aux pois chiches. Poisson aux olives. en bas: Poisson d'eau douce en conserve, à gauche: Sardines accouplées (recettes en pages 126, 129, 122, 128).

Dinde Farcie d'Olives

pour 8 à 10 personnes

1 dinde de grosseur moyenne
1 1/2 kg d'olives
3 tomates mûres écrasées
1/2 tasse d'huile
1/2 tasse de persil émincé
2 tasses d'amandes émondées et frites

4 à 5 gousses d'ail
2 tasses d'eau
1/2 cuillerée de curcuma
1 cuillerée de poivre noir
Sel

Pour préparer les olives, se reporter à la recette d'olives cuites (ou d'olives dénoyautées farcies d'amandes).
Farcir la dinde de cette préparation d'olives, disposer dans un plat allant au four, ajouter s'il en reste les olives, parsemer de persil et cuire au four 2h.30, après avoir recouvert le plat de papier aluminium.
Découvrir 30 mn avant la fin de la cuisson pour rissoler.

Dinde Farcie de Couscous ou de Riz

pour 8 à 10 personnes

1 dinde de grosseur moyenne
250 g de viande hachée
4 à 5 tasses de couscous évaporé
1/2 tasse de persil émincé
1 tasse de bouillon de poulet
1/2 tasse d'huile
1 cuillerée de poivre noir
1/4 cuillerée de safran
1/2 cuillerée de sel

Sauce:

1/2 kg de pruneaux
1 cuillerée de cannelle
1/4 tasse d'huile
1 cuillerée de miel
2 tasses de bouillon de poulet
1 citron
1 kg d'oignons

Farcir la dinde de couscous et coudre l'ouverture. Faire un mélange d'huile et d'épices, en enduire la dinde. Mettre dans un plat allant au four et arroser de 2 tasses de bouillon de poulet.
Cuire 2h.1/2 au four chaud, couvrir d'un papier aluminium. Entre-temps, peler, rincer et couper en quartiers fins les oignons, les faire revenir dans l'huile 1 heure à feu doux, remuer de temps à autre, épicer, ajouter le miel, l'eau et les pruneaux.
Cuire encore 1 heure jusqu'à évaporation de tout le liquide (le tout devra prendre une couleur dorée tirant sur le brun).
Ajouter le restant d'huile et d'épices. Après 2 h. de cuisson, retirer le papier aluminium, l'arroser sans cesse de son jus et laisser dorer. Pour finir, mouiller de jus de citron.
Disposer la dinde sur un plat de service, garnir d'oignons et pruneaux.

Si l'on choisit le riz, le porter à ébullition avant de farcir. On peut également enrichir la farce en y ajoutant 1 tasse de noix ou d'amandes concassées.

Photo de gauche: Mouton aux pruneaux et oignons (recette page 118).

Mouton aux Amandes

pour 4 à 6 personnes

1 1/2 à 2 kg de côtelettes de mouton	4 tasses d'eau
1 kg d'amandes	2 cuillères de miel
1 kg de fèves vertes	1 cuillerée de macis
4 à 5 gros oignons	1/2 cuillerée de sel
1/4 tasse d'huile	1/2 cuillerée de poivre noir

Émincer et faire revenir les oignons dans l'huile 15 mn. Émonder les amandes, les couper en moitiés et les ajouter aux oignons. Peler les fèves, rincer et les incorporer au reste. Continuer à faire revenir le tout. Diluer le miel, sel et épices dans une tasse d'eau. En enduire les côtelettes et les ajouter également. Mouiller du reste de la préparation plus l'eau et cuire 3h.30 à feu doux. À la fin de la cuisson, la sauce devra être épaisse.

À l'époque, on choisissait des amandes vertes et l'on préparait ce mets entre Pourim et Pessah, période à laquelle il était facile de trouver des amandes fraîches sur le marché. Plat berbère très ancien.

Mouton aux Pruneaux et Oignons

pour 4 à 6 personnes

1 1/2 à 2 kg de viande de mouton	1 cuillerée de cannelle
1 1/2 kg d'oignons	1/8 cuillerée de gingembre
250 g. de raisins secs épépinés	1 cuillerée de sucre
100 g. de noix	1/4 cuillerée de noix de muscade râpée
250 g. de pruneaux	1/4 cuillerée de curcuma
1/4 tasse d'huile	1/4 cuillerée de sel

Couper la viande en morceaux, rincer et éponger avec une serviette. Dans une marmite, superposer oignons, viande saupoudrés d'épices mélangées et de sucre, raisins secs et pruneaux. Porter à ébullition à feu vif, réduire ensuite le feu et cuire 2 à 3 heures. Les dernières 15 mn, parsemer de noix mélangées dans le sucre et la cannelle. Dans un plat de service, disposer la viande, garnir du reste.

Mets préparé spécialement à l'occasion de Pessah. Certaines familles avaient coutume de consommer uniquement la viande de mouton le premier soir de Pessah, en commémoration du sacrifice.

Raisins Secs Confits

4 à 5 tasses de raisins secs épépinés	1 tasse de noix grillées
1 1/2 tasse de sucre	1/2 tasse d'huile de friture
1 tasse d'amandes grillées	

Tremper les raisins secs dans l'eau durant 2 heures. Égoutter, éponger et frire dans l'huile, ajouter le sucre, réduire le feu et mélanger jusqu'à ce que le sucre soit bien fondu.
Incorporer les amandes et les noix grossièrement coupées, mouiller de jus de citron et faire mijoter encore 15 mn.
Laisser refroidir et servir.

Les fruits confits se conservent bien dans des bocaux hermétiques. À table, le soir de la Mimouna, ils prédominent.

Pruneaux Farcis

pour 4 à 6 personnes

300 à 350 g. de viande hachée
 (voir recette de base)
1 kg de pruneaux
4 à 5 oignons
100 g. de noix à peine grillées (facultatif)
1/4 tasse d'huile

1/4 tasse d'eau
1/2 citron
1 cuillère de miel
1/2 cuillerée de poivre blanc
1/8 cuillerée de gingembre
1 cuillerée de cannelle

Tremper les pruneaux dans l'eau chaude 1 h., dénoyauter délicatement (essayer de les laisser entiers). Préparer des petites boulettes de viande hachée puis en farcir les pruneaux, refermer les extrémités en les resserrant avec la main.
Peler, couper en quartiers les oignons, faire revenir à feu doux et ajouter par-dessus les pruneaux farcis.
Préparer une sauce en mélangeant l'eau, l'huile, épices et verser par-dessus.
Cuire à feu doux 1 heure.
Après 30 mn, mélanger miel, cannelle et jus de citron avec les noix grossièrement coupées, parsemer les pruneaux et laisser cuire encore 15 mn.

Abricots Farcis de Viande "Meshmash"

pour 4 à 6 personnes

1/2 kg d'abricots secs
1/4 kg de viande hachée
 (voir recette de base)
1/2 tasse d'amandes hachées
1/2 tasse de graines de sésame grillées
2 oignons émincés

2 tasses d'eau
1 cuillère de miel (ou de cassonade brune)
1/2 cuillerée de gingembre
1/4 cuillerée de noix de muscade râpée
1/2 cuillerée de poivre blanc
1/4 cuillerée de sel

Tremper les abricots dans l'eau 30 mn. Entretemps, préparer la viande hachée. Jeter cette eau. Laisser les abricots humides, les ouvrir et les farcir d'une boulette de viande. Bien refermer l'abricot. Tremper dans le miel et les amandes. Faire revenir les oignons et disposer par-dessus les abricots farcis. Ajouter toutes les épices, arroser d'eau et cuire 1 heure à feu doux. Saupoudrer de graines de sésame. Servir chaud.
Peut être accompagné d'un riz au safran.

Figues Farcies de Viande "Kermouss"

pour 4 à 6 personnes

1 kg de figues séchées
300 g de viande hachée (voir recette)
2 oignons
1 citron
1/2 tasse d'amandes hachées
1/2 tasse de graines de sésame grillées
 (facultatif)
1/4 tasse d'huile

1 cuillère de miel
2 tasses d'eau
1 cuillerée de cannelle
1/2 cuillerée de macis
1/4 cuillerée de gingembre
1/4 cuillerée de noix de muscade rapée
1 cuillerée de poivre blanc
1/4 cuillerée de sel

Oter la tige dure des figues, les ouvrir. Faire un mélange de jus de citron, miel, épices et y faire macérer les figues 1 heure. Émincer et faire revenir les oignons. Préparer la viande hachée. Après 1 heure, retirer les figues de leur sauce, les farcir de petites boulettes de viande en veillant à ce que la figue recouvre complètement la boulette. Enrober d'amandes hachées et disposer (en les serrant) sur les oignons afin qu'elles ne s'ouvrent pas. Arroser d'eau, saler puis verser par-dessus le restant de marinade de jus de citron et miel. Cuire à petit feu 1 heure. Vers la fin de la cuisson, saupoudrer de graines de sésame. Prélever délicatement les figues pour les disposer sur un plat de service. Arroser de leur sauce à l'oignon et servir chaud.

Les Mets de Poisson

Il est à noter deux importantes catégories de poissons: Le poisson de mer, et le poisson d'eau douce. Quelle qu'en soit la catégorie, il y a l'embarras du choix.
La côte du Maroc est bordée de nombreuses plages où les pêcheurs trouvent leur bonheur. C'est pour cela que le poisson tient une importante place dans la cuisine marocaine et bien sûr la cuisine juive.
Le poisson était servi le Vendredi soir, en particulier.
Les poissons sont préparés de différentes façons, en sauce à la coriandre, en tajine de légumes ou même avec des pois-chiches, ce dernier étant une spécialité propre aux juifs de la ville de Meknès, ainsi que sous forme de boulettes (poisson haché), poisson frit ou grillé. Une vinaigrette "Tserméla", accompagnait le poisson frit. Rien de tel qu'un petit vin bien corcé pour compléter la dégustation des poissons, quelle que soit leur préparation.

L'Alose Marinée et Séchée

pour 8 à 10 personnes

1ère opération

- 1 Alose de 2 kg environ (ou 2 à 3 grands maquereaux)
- 2 tasses vinaigre (de vin)
- 1 cuillère de coriandre grossièrement haché
- 1 cuillère de poivre noir grossièrement hachée
- 2 tasses de gros sel
- 1/2 tasse d'huile

Laver le poisson, couper en 2 dans le sens de la longueur, retirer les arêtes, essuyer soigneusement avec des serviettes en papier, enduire d'huile.
Sur un plateau, étaler une couche de gros sel, disposer par-dessus le poisson et recouvrir d'une autre couche de gros sel. Couvrir avec un linge et faire sécher 1 journée au soleil. Ajouter le vinaigre et congeler durant 1 semaine.

Remarque: Le maquereau peut être préparé avec ses arêtes.

2ème opération

- 3 à 4 tasses d'huile
- 6 à 8 feuilles de laurier
- 5 à 6 piments secs piquants coupés
- 2 cuillères de coriandre (grossièrement coupée)
- 1 cuillère de marjolaine

Dégeler et secouer le poisson pour en ôter le sel, rincer sous le robinet, égoutter et essuyer avec du papier de cuisine.
Faire mariner 1 journée dans le mélange d'huile, feuilles de laurier, piments, coriandre et marjolaine. Couper en tranches fines à l'aide d'un couteau aiguisé et servir. S'il en reste, conserver dans la marinade.

Sardines Marinées

Se reporter à la recette précédente en augmentant ou en diminuant la quantité de sel et d'épices, selon les goûts.

Marinade pour Poisson Frit "Tsermela Delhoute"

pour 4 à 6 personnes

- 1 1/2 kg de poisson frit

Marinade:

- 1/4 tasse d'huile d'olive
- 1 tasse de vinaigre
- 1 cuillerée de paprika piquant
- 1 cuillerée de cumin
- 4 à 5 gousses d'ail
- 1/2 tasse de coriandre émincée
- 1 cuillerée de sel

Couper grossièrement l'ail, ajouter le vinaigre, l'huile, le cumin, le paprika, le sel, la coriandre et bien mélanger le tout. Tremper le poisson dans cette marinade avant de le servir.

Cette préparation est indiquée pour n'importe quel type de poisson frit. Si l'on désire servir du poisson chaud, laisser macérer dans cette préparation puis le passer au four 10 mn. Si la sauce est trop épaisse, l'allonger avec 1/2 tasse d'eau.

Poisson de Mer Mariné

pour 4 à 6 personnes

1 kg de poisson
1 tasse de marinade (voir recette de base)
1 tasse de persil émincé

1/2 tasse de farine
Huile de friture
Quelques tranches de citron

Vider, laver et couper en tranches le poisson. Tremper dans la marinade puis enrober de farine et frire dans l'huile chaude. Parsemer de persil, garnir de tranches de citron et servir chaud.

Thon au Vinaigre

pour 4 à 6 personnes

1 kg de thon (frais)
1 tasse de vinaigre
1/4 tasse d'huile d'olive
3 feuilles de laurier, coupées

1 tasse d'eau
1/2 cuillerée de poivre blanc
1/2 cuillerée de sel
1/2 cuillerée de poivre anglais

Laver, écailler, ôter la peau et couper en morceaux le poisson. Laisser macérer (2h) dans une demi-tasse de vinaigre. Égoutter, disposer dans une marmite. Arroser du restant de vinaigre, ajouter les ingrédients et cuire 1 heure à feu doux. Mouiller d'huile d'olive. Conserver au réfrigérateur et s'en servir pour agrémenter des salades ou pour garnir des pizzas, etc. Remplace les boîtes de thon en conserve.

Poisson Farci Piquant

pour 4 à 6 personnes

Farce:
1 carpe de 2 kg (ou 2 mulets)
4 oeufs frais — 4 oeufs durs
1/2 tasse de coriandre émincée
6 à 8 gousses d'ail
1/2 tasse de chapelure
Oeufs de poisson (facultatif)
250 g de chair de poisson haché
2 cuillerées de paprika (1 piquant, 1 doux)
1/2 tasse d'amandes grossièrement hachées

Sauce:
1/2 tasse de persil émincé
1 citron
3-4 piments secs piquants
1/2 cuillerée de curcuma
1/2 tasse d'huile
1 tasse d'eau
3-4 pommes de terre
1 1/2 cuillerée de poivre noir
1 cuillerée de sel

Vider, écailler et laver le poisson (ne pas ôter la tête). Préparer une sauce avec l'huile, coriandre, épices, ail écrasé et persil.(Mettre de côté une petite quantité de ce mélange pour en enduire le poisson). Dans la sauce, incorporer les oeufs frais et la chapelure (la préparation doit être un peu épaisse). Ajouter les amandes grillées et concassées, les oeufs durs coupés en cubes. Farcir le poisson et coudre. Peler, couper en tranches les pommes de terre. Garnir le fond d'un plat graissé allant au four. Enduire le poisson de la préparation mise de côté et poser sur les patates. Mouiller d'une tasse d'eau, cuire au four 1h15, à feu modéré. De temps en temps, arroser le poisson de son jus pour éviter l'assèchement. Parsemer de persil. Avant la fin de la cuisson, trancher le citron après l'avoir pelé et garnir le poisson.

Afin de faciliter le découpage du poisson en tranches, après sa cuisson, on peut ôter l'arête centrale avant de farcir, en détachant délicatement la chair à l'aide d'un couteau aiguisé.

Sole Amandine "Houte Moussa Bel-louz"

pour 6 à 8 personnes

6 à 8 soles
1/2 tasse de farine
2 oeufs
100 g d'amandes émondées

1 citron
Huile de friture
1/2 cuillerée de poivre blanc
1/2 cuillerée de sel

Nettoyer, laver le poisson, en ôter la peau brune qui le recouvre d'un côté. Rincer, éponger, saler, poivrer, puis enrober d'oeuf battu et de farine, frire dans l'huile chaude. Disposer dans un plat allant au four. Faire un mélange de jus de citron, de persil émincé et un peu d'épices, arroser et laisser imbiber le poisson. Pendant ce temps, frire les amandes émondées, les couper grossièrement et les jeter sur le poisson. Mettre au four 5 mn. Servir chaud.

Boulettes de Merlan à la Sauce Tomate

pour 4 à 6 personnes

1 kg de merlan
1 cuillère de zeste d'orange
1 cuillerée de macis
1/2 cuillerée de poivre noir
1/4 cuillerée de curcuma
1/4 cuillerée de gingembre (frais)
2 oeufs
2 cuillères de chapelure
1/4 cuillerée de sel

Sauce:

1 kg de tomates
4 à 5 gousses d'ail
1/4 tasse d'huile
2 piments rouges secs piquants
1 cuillerée de paprika doux
1/4 cuillerée de sel

Peler les tomates, les écraser pour les rendre en purée, cuire à feu doux 1 h. Ajouter les piments secs coupés en deux, l'ail écrasé et l'huile. Entre temps préparer le hachis de poisson: Vider, laver le poisson, ôter la peau et les arêtes puis hacher (presser pour en sortir l'excès d'eau). Additionner au hachis la chapelure, les oeufs, les épices, le zeste d'orange, le persil, bien mélanger le tout et former des boulettes (ne pas omettre de graisser préalablement les mains). Les incorporer à la sauce tomate et continuer à cuire encore 1 heure à feu doux.

Boulettes de Poisson aux Céleris

pour 4 à 6 personnes

Sauce:

1 kg de céleris
4 à 5 gousses d'ail
1/4 tasse d'huile
1/4 cuillerée de curcuma
1/2 cuillerée de paprika doux (facultatif)
1 1/2 tasse d'eau
Jus de citron (1)
1/2 cuillerée de poivre noir
1/4 cuillerée de sel

Boulettes:

1 kg de merlan
1 cuillère de zeste d'orange
1/4 cuillerée de gingembre
1 cuillerée d'épices à boulettes
1/4 tasse de persil émincé
4 à 5 gousses d'ail écrasé
2 oeufs
2 cuillères de chapelure
2-3 cuillères d'huile
1/2 cuillerée de sel

Nettoyer, laver le poisson, enlever la peau, les arêtes et hacher (en pressant le hachis entre les mains pour en éliminer le surplus d'eau) Ajouter le persil, les oeufs, l'ail, les épices, l'huile et la chapelure, bien mélanger le tout et laisser reposer. Entre-temps, effiler les céleris et les couper en morceaux de 8 à 10 cm, les bouillir 30 mn dans l'eau salée. Égoutter, mettre dans une marmite assez large avec l'ail, les épices et le sel.
Avec le hachis, former des boulettes et les disposer par-dessus, arroser d'une tasse et demie d'eau, porter à ébullition et laisser mijoter à feu doux 1h. à 1h.30.
Mouiller de jus de citron les dernières 15 mn.

Boulettes de Sardines aux Cardes

pour 4 à 6 personnes

Sauce:

1 kg de cardes
5 à 6 gousses d'ail
2 tasses d'eau
1/2 cuillerée de poivre noir
1 cuillerée de paprika doux (facultatif)
1/2 cuillerée de sel

Boulettes:

1 kg de sardines
1 cuillère de zestes d'orange
1/4 tasse de persil
1/2 cuillerée de macis
1/2 cuillerée poivre blanc
3-4 cuillères d'huile
1/4 cuillerée de gingembre
2 oeufs
2 cuillères de chapelure
1/4 cuillerée de sel

Préparer le hachis de sardines (voir recette précédente). Effiler les cardes, les couper en morceaux (8 à 10 cm de long). Porter à ébullition 30 mn dans l'eau salée.
Égoutter et mettre dans une marmite. Former les boulettes et les disposer par-dessus.
Épicer, ajouter l'eau, porter à ébullition et laisser mijoter à feu doux 1h.30.
Servir ce plat chaud.

Boulettes de Poisson aux Pois-Chiches

pour 4 à 6 personnes

Sauce:

2 tasses de pois-chiches trempés la veille
3 piments rouges piquants
4 à 5 gousses d'ail
1/2 tasse d'huile
1/4 cuillerée de curcuma
1/2 cuillerée de poivre noir
1 cuillerée de paprika doux
2 tasses d'eau
1/2 cuillerée de sel

Boulettes:

1 kg de merlan
1 cuillère de zestes d'orange
1/4 tasse de persil
1/2 cuillerée de poivre blanc
3-4 cuillères d'huile
1/4 cuillerée de gingembre
2 oeufs
2 cuillères de chapelure
1/2 cuillerée de sel

Laver, nettoyer le poisson, retirer la peau et les arêtes puis hacher (presser pour éliminer l'excédent d'eau).
Y incorporer les ingrédients (de boulettes), mélanger et laisser reposer.
Nettoyer les pois-chiches, les mettre dans une marmite large, ajouter tous les condiments de la sauce et cuire 1 heure à feu doux.
Dans une autre marmite, porter l'eau à ébullition, y jeter les boulettes et laisser cuire 30 mn.
Les égoutter, les disposer sur les pois-chiches et faire mijoter 30 à 40 mn.

Graisser les mains avant de former les boulettes.

Poisson aux Pois-Chiches "Elhoute Del'ouade Belhems"

pour 4 à 6 personnes

1 kg de poisson d'eau douce
1 1/2 tasse de pois-chiches
 trempés la veille
1/4 tasse de coriandre
4-5 gousses d'ail
1/4 cuillerée de curcuma
1/2 cuillerée de cumin

2 tasses d'eau
1/2 tasse d'huile
1 cuillerée de paprika doux
4-5 piments rouges secs piquants
1/2 cuillerée de poivre noir
1/2 cuillerée de sel

Nettoyer, laver et couper le poisson en tranches. Dans une marmite, mettre les pois-chiches après en avoir ôté la pellicule qui les recouvre.
Disposer par-dessus les tranches de poisson.
Parsemer de coriandre, gousses d'ail et piments.
Mélanger huile, sel, curcuma, poivre, cumin, paprika et mouiller le tout.
Arroser d'eau et laisser cuire 2h à feu doux.
Si les pois-chiches ne sont pas tout-à-fait tendres, ajouter, au besoin, 1 tasse d'eau.
Servir chaud.

On peut cuire les pois-chiches séparément avant de les incorporer au poisson.

L'Alose aux Carottes "Chabéle B'khizo"

pour 4 à 6 personnes

1 à 1 1/2 kg d'alose
1 kg de carottes
5 à 6 gousses d'ail
1 tasse de coriandre émincée
1 cuillère de paprika piquant

1/2 cuillerée de curcuma
1/2 citron mariné
1/2 tasse d'huile
1 tasse d'eau
1 cuillerée de sel

Nettoyer, laver, couper le poisson en morceaux. Saupoudrer de sel, arroser de jus de citron, laisser reposer 15 mn. Peler les carottes, les couper en 4 dans le sens de la longueur, rincer et mettre dans une marmite. Disposer par-dessus les tranches de poisson, parsemer de flocons de persil, d'ail émincé. Arroser avec le mélange d'huile, paprika et curcuma. Ajouter les tranches de citron mariné et couvrir d'une tasse d'eau. Porter à ébullition, réduire le feu et laisser cuire 1h.30. Ce plat peut être servi chaud ou froid.

Poisson aux Radis

pour 4 à 6 personnes

1 kg de poisson (au choix)
3 à 4 gousses d'ail
3-4 cuillerées d'huile d'olive
2 tasses d'eau
1/2 kg de radis

1/4 tasse persil émincé
1/2 cuillerée de paprika piquant
1/4 cuillerée de curcuma
2-3 piments rouges secs piquants
1/2 cuillerée de sel

Nettoyer, laver et trancher le poisson. Éplucher, couper les radis en tranches dans le sens de la longueur. Laver, nettoyer également les tiges et les feuilles, les couper en morceaux et en tapisser le fond d'une marmite. Ajouter les radis puis les morceaux de poisson. Saupoudrer d'épices, d'ail grossièrement coupé et de persil émincé. Arroser d'eau et cuire 1h.30 à feu doux. Mouiller avec la quantité d'huile, vers la fin de la cuisson.

Poisson aux Fèves Vertes "Tajine Chabéle Belfoule"

pour 4 à 6 personnes

1 kg de poisson (carpe de préférence)
1 1/2 kg fèves fraîches
3 à 4 gousses d'ail
1/4 tasse de coriandre émincée
1/4 cuillerée de curcuma
2 tasses d'eau

1/2 cuillerée de paprika piquant
  et 1/2 (doux)
1/4 tasse d'huile
1/2 cuillerée de poivre noir
1/2 cuillerée de sel

Nettoyer, laver et trancher le poisson, saler. Peler les fèves, les mettre dans une marmite (pas profonde). Couvrir de tranches de poisson. Parsemer de coriandre et d'ail grossièrement coupé. Mélanger l'huile avec les épices et arroser les morceaux de poisson. Ajouter l'eau, porter à ébullition et laisser cuire à feu doux 1h.30. Servir chaud.

Sardines Accouplées

pour 4 à 6 personnes

1 kg de sardines
1 tasse de coriandre émincée
5-6 gousses d'ail
1 tasse de farine
2 oeufs bouillis

2 cuillerées de cumin
Huile de friture
1 citron
1 cuillère de sahka (voir recette)

Laver, nettoyer les sardines, ouvrir sur un côté dans le sens de la longueur, ôter les arêtes, saler. Dans un bol, mélanger cumin, coriandre, ail écrasé, sahka et oeufs durs écrasés. Étaler la sardine ouverte à plat sur la paume de la main, tartiner d'une cuillère de ce mélange et couvrir d'une autre sardine également ouverte, à plat. Enrober dans la farine et frire dans l'huile chaude. Disposer sur un papier pour absorber l'excèdent d'huile. Garnir de tranches de citron et servir.
Peut également être cuite au four en ajoutant une tasse d'eau pour la cuisson.

Sardines Grillées

pour 4 à 6 personnes

1 kg de sardines
1/4 tasse d'huile
Quelques tranches de citron

1 cuillerée de poivre noir
1 cuillerée de sel

Rincer bien les sardines sous le robinet. Enduire d'huile, saler, poivrer et griller sur charbon de bois, de préférence, ou au gril. Servir avec des tranches de citron.
Au Maroc, en bordure des plages, ou non loin des ports, les sardines grillées étaient vendues en guise de collation ou même de repas.

Poisson au Citron Mariné

pour 4 à 6 personnes

1 kg de poisson
2-3 citrons marinés
3-4 gousses d'ail
1/2 tasse d'huile
1 cuillerée de paprika

1/4 cuillerée de curcuma
1 1/2 tasse d'eau
1/4 tasse de persil émincé
1/2 cuillerée de poivre noir
1/2 cuillerée de sel

Laver, nettoyer, trancher et saler le poisson. Émincer les citrons marinés et en garnir le fond de la marmite. Disposer par-dessus les tranches de poisson, parsemer de persil émincé. Dans un bol, verser tous les ingrédients, bien mélanger et en arroser le poisson. Cuire à feu doux 1 heure.

Poisson aux Blettes

pour 4 à 6 personnes

1 kg de poisson
1 kg de blettes
4-5 gousses d'ail
3-4 piments rouges secs et piquants
1/4 tasse d'huile
1/2 tasse de coriandre

1 cuillerée de sahka (voir recette)
Jus d'1/2 citron
1/2 cuillerée de poivre noir
2 tasses d'eau
1/2 cuillerée de sel

Laver, nettoyer et trancher le poisson. Rincer et couper grossièrement les blettes. Égoutter, disposer dans une grande marmite. Poser par-dessus les tranches de poisson et parsemer de coriandre émincée. Ajouter le mélange d'épices et d'ail écrasé. Mouiller d'eau et cuire à feu doux 1h.30.

Poisson d'Eau Douce aux Olives "Elhoute Delouade"

pour 4 à 6 personnes

1 kg de poisson
1/2 kg d'olives dénoyautées
1/2 tasse de sauce tomate
4-5 gousses d'ail
1/4 tasse de persil
1/2 cuillerée de paprika doux

1 1/2 tasse d'eau
1/4 cuillerée de curcuma
1/2 citron
1/4 cuillerée de poivre noir
1/4 cuillerée de sel

Laver, nettoyer, trancher et saler le poisson. Dénoyauter les olives, porter à ébullition 2 à 3 fois en changeant l'eau à chaque reprise. Disposer dans une marmite et mouiller de sauce tomate. Placer par-dessus les tranches de poisson. Saupoudrer d'épices mélangées, parsemer d'ail et de persil émincés. Arroser d'eau et cuire à feu doux 1h.30. Verser pour finir le jus de citron et servir chaud.

Poisson à la Coriandre

pour 4 à 6 personnes

1 kg de poisson de mer
1 tasse de coriandre émincée
4-5 gousses d'ail
1/2 cuillerée de poivre noir
1/4 tasse de curcuma

1/2 tasse d'huile
3-4 piments rouges secs piquants
1/2 cuillerée de paprika piquant
1 tasse d'eau
1/2 cuillerée de sel

Laver, nettoyer, trancher et saler le poisson. Napper le fond d'une marmite de branches de coriandre. Découper les feuilles grossièrement (en conserver la moitié). Disposer par-dessus les tranches de poisson. Mélanger dans l'huile les épices et l'ail émincé puis en arroser le poisson. Ajouter l'eau, l'autre moitié de coriandre et cuire à feu doux 1 heure.

Dorade aux Pommes de Terre "Elpajo"

pour 4 à 6 personnes

- 1 kg de poisson
- 5-6 pommes de terre
- 1 grosse tomate écrasée
- 1 citron mariné
- 1/4 tasse de persil

- 2-3 gousses d'ail
- 1/4 cuillerée de curcuma
- 1/2 cuillerée de poivre noir
- 1/2 tasse d'huile
- 2 tasses d'eau
- 1/2 cuillerée de sel

Vider, nettoyer, saler la dorade. Peler, trancher les pommes de terre, les mettre dans une marmite, disposer par-dessus la dorade coupée en tranches. Ajouter la tomate écrasée et parsemer de persil émincé. Mélanger l'huile avec les épices et arroser le tout, jeter les morceaux de citron. Ajouter l'eau et laisser cuire 1 heure à feu doux.

Poisson aux Câpres "Houte Belk'pare"

pour 4 à 6 personnes

- 1 kg de poisson de mer
- 3-4 cuillères de câpres
- Jus d'un citron
- 1/4 tasse d'huile
- 1/2 tasse de farine
- 1/4 tasse de persil émincé

- 2-3 gousses d'ail écrasé
- 2 oeufs
- 1/2 cuillerée de paprika doux
- 1 tasse d'eau
- 1/2 cuillerée de poivre noir
- 1/2 cuillerée de sel

Laver, nettoyer et trancher le poisson. Saler, enrober de farine et d'oeuf battu puis frire (sans dorer). Disposer dans un plat allant au four (pas creux). Mélanger épices, câpres, eau, jus de citron et verser sur le poisson. Glisser le plat au four préalablement chauffé, laisser cuire 30 mn maximum. Peut être cuit également à même un feu doux de 30 à 45 mn. Servir chaud.

Poisson au Four

pour 6 à 8 personnes

- 6 à 8 poissons aux choix (ou 1 1/2 à 2 kg)
- 5-6 pommes de terre
- 3-4 tomates
- 3 poivrons verts
- 2-3 gros oignons
- 2 citrons marinés

- 1 tasse de persil et coriandre
- 3-4 feuilles de laurier écrasées
- 1 tasse de vin blanc
- 1/2 tasse d'huile
- 1 1/2 cuillerée de poivre noir
- 1 cuillerée de paprika
- 1/2 cuillerée de sel

Nettoyer, laver les poissons (entiers), saler, poivrer et laisser reposer. Peler, couper en tranches les pommes de terre et mettre dans un plat allant au four, saler, poivrer et parsemer de persil et feuilles de laurier concassées.
Disposer par-dessus les poissons remplis de branches de persil.
Couvrir de couches superposées de tomates, d'oignons, de poivrons et de citrons, le tout coupé en tranches. Saler, poivrer chacune des couches et parsemer de coriandre et persil émincés.
Mouiller d'huile et d'une tasse de vin.
Cuire au four préalablement chauffé 1 heure. Les servir chauds ou froids.

Poisson aux Poivrons et Tomates

pour 4 à 6 personnes

1 kg de poisson
2-3 tomates
2-3 poivrons verts
2 piments piquants
4-5 gousses d'ail
1/4 tasse de persil émincé
4-5 tranches de citron mariné

1/2 tasse d'huile
1/4 cuillerée de curcuma
1 1/2 tasse d'eau
1/2 cuillerée de poivre noir
1/2 cuillerée de paprika piquant
1/2 cuillerée de sel

Laver, nettoyer et trancher le poisson. Tapisser le fond d'une marmite de tranches de poivrons et tomates puis disposer par-dessus les morceaux de poisson.
Dans un bol, mélanger l'huile, les épices, l'ail écrasé, le persil émincé et mouiller le poisson.
Garnir de tranches de citron mariné, tout autour, et cuire à feu doux 1h. à 1h.30.
On peut également faire cuire au four. Il ne doit rester que très peu de sauce. Cependant, veiller à ce que le poisson ne soit pas sec.

Cocktail de Poissons aux Légumes

pour 4 à 6 personnes

1 kg de poissons variés
3-4 pommes de terre
2 tomates
1 citron mariné
4-5 gousses d'ail
1/4 tasse de persil émincé
1/2 tasse d'huile

1/2 tasse d'olives
2 poivrons verts
1/4 cuillerée de curcuma
3-4 carottes
1 1/2 à 2 tasses d'eau
1/2 cuillerée de paprika piquant
1 cuillerée de sel

Laver, nettoyer et trancher les poissons. Peler et couper en dés les pommes de terre, les carottes, les poivrons et en garnir le fond d'une marmite profonde, couvrir de tranches de poisson.
Laver, couper en tranches les tomates et en couvrir chaque morceau de poisson.
Émincer le citron, le persil, la coriandre et en parsemer le tout.
Ajouter les olives. Diluer dans l'huile les épices et en arroser le poisson.
Mouiller d'une tasse et demie d'eau et laisser cuire à feu doux 1h. 30.

Les Omelettes et Pastelles

Les pastelles étaient très appréciées lors des mariages, circoncisions ou toute autre festivité sous forme d'amuse-gueule. Les jours de semaine, on évitait de les faire car leur préparation exigeait beaucoup de temps à la maîtresse de maison, en particulier les feuilles; celles-ci étant la base principale pour la préparation des pastelles. On se devait d'être très rapide et d'avoir le doigté.
Les omelettes étaient variées: les unes agrémentées de poulet ou de cervelle, — préparées pour des occasions spéciales telles que réceptions ou fêtes alors que d'autres composées de légumes étaient servies les jours de semaine et le Shabbat.

Photo de droite: Omelette aux légumes (recette en page 138).
Photo suivante: au centre: La Pastilla, en haut à droite: Pâte pour feuille, en bas: la feuille sur le feu, à gauche: la feuille prête, en bas: Les Pastelles et Cigares (recettes en pages 142, 139, 140, 141).

Omelette Régulière "Mhemer"

pour 8 à 10 personnes

- 4 pommes de terre
- 8 oeufs
- 1/4 tasse de persil émincé
- 1 pointe de safran
  (ou 1/2 cuillerée de curcuma)
- 1/2 cuillerée de bicarbonate
  (ou levure à gâteaux)
- 1/4 tasse d'huile
- 1/2 citron
- 1/2 cuillerée de poivre blanc
- 1/2 cuillerée de sel

Éplucher et cuire dans l'eau les pommes de terre. Faire égoutter et les écraser en purée homogène. Casser par-dessus les oeufs et bien mélanger. Incorporer le persil émincé, le jus de citron, les épices et le bicarbonate. Dans une casserole (moyenne), chauffer l'huile puis verser doucement le mélange, couvrir et cuire à feu vif durant 5 mn. Réduire le feu et continuer la cuisson 1 heure environ. (Cuire au four de préférence). Lorsque la surface de l'omelette est bien dorée et sèche, l'omelette est prête. Pour s'en assurer, introduire la lame d'un couteau et si cette dernière en ressort nette, l'omelette est cuite. Démouler l'omelette et la disposer sur un plat. Si l'autre face n'est pas assez dorée, la passer au four quelques minutes.

Omelette au Thon

pour 8 à 10 personnes

- 8 oeufs
- 300 gr. de thon en boîte
- 2 tasses de mie de pain
- 3 cuillères de câpres
- 1/2 citron
- 1/4 cuillerée de levure à gâteaux
- 1/4 tasse d'huile
- 1/4 tasse de persil émincé
- 1/4 cuillerée de curcuma
- 1 cuillerée de poivre blanc
- 1/4 cuillerée de sel

Tremper la mie de pain dans l'eau. Égoutter puis bien essorer. Défaire le thon en miettes et l'incorporer à la mie de pain. Ajouter les câpres, le jus de citron, le persil et les épices. Battre les oeufs et les verser délicatement, en mélangeant le tout. Chauffer l'huile et y verser le mélange. Cuire à feu doux durant 1 heure, au four de préférence. L'omelette au thon peut-être servie chaude ou froide, garnie de tranches de citron.

Omelette au Poulet "Meguina Ded'jaja"

pour 8 à 10 personnes

- 3 tasses de bouillon de poulet (cubes)
- 8 oeufs
- 2 cuillères de chapelure
- 1/2 cuillerée de poivre blanc
- 1/4 cuillerée de curcuma (ou 1/8 de safran)
- 1 1/2 tasse d'eau
- 1/8 cuillerée de levure à gâteaux
  (ou bicarbonate de soude)
- 1/2 tasse de bouillon de poulet
- 1/2 cuillerée de sel

Photo de gauche: Pastelles et Cigares (recettes en pages 140, 141).

Cuire le poulet dans l'eau salée additionnée d'un peu de curcuma. Conserver ce bouillon. Désosser le poulet et couper la chair en cubes. Battre les oeufs, épicer, incorporer la levure, la chapelure et les cubes de volaille. Bien mélanger le tout à l'aide d'une spatule. Chauffer l'huile dans une casserole de 30 cm de diamètre et y faire couler le mélange. Cuire à feu doux 1 heure (au four de préférence). Vérifier si la cuisson est complète en y introduisant un couteau comme indiqué précédemment. Laisser refroidir et couper en tranches. L'omelette au poulet est recommandée lors d'un cocktail. (Voir recette Omelette régulière)

Omelette à la Cervelle   "Meguina Delmookh"

pour 8 à 10 personnes

1/2 à 3/4 kg de cervelle
  (environ 3 tasses de cubes)
8 oeufs
2 cuillerées de chapelure
1/2 cuillerée de poivre blanc
1/8 cuillerée de safran ou curcuma

1/2 tasse d'huile
1/8 cuillerée de levure à gâteaux
  (ou bicarbonate)
1/2 tasse de persil émincé
Quelques tranches de citron
1/4 cuillerée de sel

Tremper la cervelle pendant 5 minutes dans l'eau bouillante et retirer délicatement la fine pellicule la recouvrant.
Faire bouillir la cervelle dans de l'eau additionnée de 2 cuillères de vinaigre. Laisser tiédir puis couper en cubes. Battre les oeufs, épicer. Y incorporer la cervelle, le persil et mélanger le tout délicatement. Cuire à feu doux au four pendant 1 heure. Vérifier la cuisson comme indiquée. Si nécessaire, faire dorer l'autre face. Laisser refroidir et couper en tranches. Servir l'omelette garnie de tranches de citron.

Omelette aux Légumes

pour 8 à 10 personnes

8 oeufs
2 pommes de terre (de taille moyenne)
1/2 tasse de petits pois
1/2 tasse de carottes en cubes
2 cuillères de persil émincé
2-3 foies de poulet
2 oeufs durs
2-3 gésiers de poulet

1/4 tasse d'huile
1/2 citron
1/4 cuillerée de curcuma (ou safran)
1/4 cuillerée de bicarbonate de soude
  (ou levure à gateaux)
1/2 cuillerée de poivre blanc
1/2 cuillerée de sel

Griller légèrement le foie. Couper en cubes les pommes de terre, carottes, gésiers et petits pois. Cuire séparément. (Si les légumes sont congelés, ne pas cuire). Battre les oeufs, y incorporer la pomme de terre écrasée en purée, bien mélanger, ajouter petits pois, carottes, le foie, les gésiers et le persil. Mélanger délicatement le tout à l'aide d'une spatule en bois. Épicer, saler, ajouter la levure et le jus de citron. Chauffer l'huile dans une marmite, y verser le mélange et cuire à feu doux 1 heure.
Vérifier la cuisson, toujours à l'aide d'un couteau sec. Retourner sur un plat et faire dorer l'autre face si nécessaire.

Pastelles de Pommes de Terre

20 à 30 pastelles

1 kg de pommes de terre
Huile pour friture
4 jaunes d'oeufs
1/2 cuillerée de poivre blanc
1 cuillerée de sel

1 tasse de farine
1 tasse de chapelure
  (ou amandes hachées)
1 oeuf
Citron

Farce: 1/4 kg de farce à pastelles et cigares (voir recette)

Éplucher les pommes de terre et les faire cuire à la vapeur dans un couscoussier. Les écraser en purée et faire revenir 5 mn pour l'assécher. Épicer et incorporer les jaunes d'oeufs puis mélanger le tout. Prendre la quantité désirée de cette purée, former au centre une cavité, y incorporer une cuillerée de farce, refermer la cavité et puis former une grosse boulette.
Enrober de farine, d'oeuf puis de chapelure (ou amandes hachées). Frire dans l'huile préalablement chauffée, dorer légèrement. Couvrir un plat de papier absorbant puis disposer les pastelles. Servir avec des tranches de citron.
La farce de viande peut être remplacée par celle d'oeufs durs écrasées à l'aide d'une fourchette.

Farce de Viande pour Cigares et Pastelles   "Miga"

pour 60 à 70 pastelles

1 kg de viande
1/2 noix de muscade râpée
1 cuillerée de macis
4 cuillères de vinaigre
1/4 tasse de persil

2 oignons
3 feuilles de laurier
3 litres d'eau
1/2 cuillerée de poivre blanc
1/4 cuillerée de sel

Hacher la viande. Dans une grande casserole, verser l'eau, ajouter les oignons épluchés entiers et les feuilles de laurier. Porter à ébullition. Former 2 ou 3 grosses boulettes de viande hachée, non épicée et les y incorporer. Cuire 1 heure. Vérifier la cuisson en piquant les boulettes à l'aide d'une fourchette. Si elles dégorgent un jus noirâtre, prolonger la cuisson. Laisser égoutter et rehacher avec le persil. Remettre dans une casserole et faire revenir 5 à 10 mn. Épicer, arroser de vinaigre et bien remuer à l'aide d'une spatule. Laisser refroidir puis farcir les pastelles. Le jus de cuisson peut servir comme bouillon.

Feuilles de Pâte pour Cigares et Pastelles   "El'ourka"

pour 50 à 60 feuilles

1 kg de farine ordinaire
1/2 cuillerée de sel

3 à 5 tasses d'eau

Préparer une pâte légère (comme une pâte à pain) avec 2 à 3 tasses d'eau. Battre la pâte à la main. De temps en temps, asperger avec 2 autres tasses d'eau. Bien travailler la pâte pour la rendre légère et homogène. Laisser reposer 1 nuit, couvrir d'un linge. Retourner un poêlon (de préférence un ustensile en fonte), mettre sur le feu puis chauffer. Prendre une petite boule de pâte, l'étaler sur la surface renversée du poêlon tout en tapotant. La feuille ainsi obtenue aura la même dimension que le poêlon. La feuille doit être très fine et presque transparente. Nettoyer la surface du poêlon à l'aide d'un linge sec et refaire ainsi la même opération jusqu'à épuisement de la pâte. Disposer les feuilles une sur l'autre, puis chaque fois qu'une nouvelle feuille est obtenue, couvrir. Peuvent se conserver congelées. C'est assez fastidieux et délicat à faire mais avec la pratique, cela devient un jeu.

Pastelles à la Feuille

pour 50 à 70 pastelles

1 kg de farce à pastelles et cigares
 (voir recette)

70 à 80 feuilles
Huile pour friture

Former des petites boulettes (2 à 3 cm de diamètre) et 4 à 5 mm. d'épaisseur. Étaler une feuille. Plier 1/3 vers le bas, poser la boulette sur le côté droit et replier 2 fois sur elle-même. On obtient ainsi une bande large. Replier en biais le côté renfermant la boulette de façon à former un triangle. Le triangle obtenu, rentrer le morceau qui dépasse. Frire à grande huile quelques minutes. Les pastelles doivent être légèrement dorées. Disposer dans une passoire au fur et à mesure qu'elles sont frites afin de faire égoutter le surplus d'huile. Les servir chaudes.

Pastelles au Gras de Poulet

pour 20 à 30 pastelles

Pâte:

600 g de farine
2 oeufs
1 tasse de gras de poulet fondu
 (ou 1 tasse d'huile)

1/2 cuillerée de sel
1 tasse d'eau tiède
Huile pour friture

Farce:

1/2 kg de farce à pastelles et cigares (voir recette)

Avec tous les condiments, préparer une pâte élastique, légère et sèche. L'étaler, l'enduire de 3 à 4 cuillères d'huile ou de gras fondu, saupoudrer de farine et plier en 3. Recouvrir d'un linge pendant 30 mn. Reétaler la pâte jusqu'à 1/2 cm d'épaisseur, y découper des cercles de 6 à 8 cm de diamètre. Placer sur chacun des cercles une petite boulette de farce. Replier et coller les 2 extrémités.
Durant la friture, les 2 extrémités s'ouvrent et prennent la forme d'une rose.

Une fois toutes les pastelles prêtes, commencer à frire dans l'huile préalablement chauffée. Faire dorer et servir chaudes.

Le Pain et les Pâtes

Le pain était pétri et cuit tous les jours de la semaine au four du quartier. Très tôt le matin, la maîtresse de maison était sur pieds et commençait par pétrir la pâte qu'elle laissait lever longuement. Plus on couvrait et laissait lever le pain, plus léger et meilleur il était.

Le pain de tous les jours était façonné simplement tandis que celui du Shabbat et des fêtes était plus élaboré et décoré. On le portait au four sur des plateaux en osier ou sur des planches en bois. Je me suis toujours demandée comment faisait le boulanger pour se rappeler du nombre de pains qu'il y avait sur chaque tôle et à qui appartenaient-ils. Et bien, il disposait ces planches dans le même ordre qu'il enfournait le pain puis chaque famille s'appliquait à le façonner de différentes manières et ainsi, il ne pouvait se tromper.

Le pain inspirait un respect total. Personne n'en jetait et si on en trouvait un morceau dans la rue, on le ramassait, l'embrassait et on le posait dans un coin retiré.

Mon père disait toujours que le pain est la bénédiction de la terre et la base de la vie. Sans le pain, pas de Torah.

Pain Ordinaire "Elkoumira"

1 kg de farine
50 g de levure de bière
 (ou 8 g de levure sèche)
2 1/2-3 tasses d'eau tiède
1 1/2 cuillerée de sel

Préparer une pâte légère et élastique, couvrir d'un linge chaud et laisser reposer 1 heure.
Pétrir et partager la pâte en 3 ou 4 morceaux. Former des boules, les étaler à l'aide d'un rouleau à pâtisserie puis former une pâte circulaire.
Rouler pour former un pain.
Déposer sur une plaque graissée et enfarinée.
Espacer les pains sur la plaque afin de leur permettre de lever. À l'aide d'un couteau, fendre des rayures en biais et laisser de nouveau lever 1 heure. Cuire au four chaud 30 mn. Après la cuisson, couvrir d'un linge.

Le Pain du Shabbat "Khala"

pour 3 à 4 pains

1 kg de farine
1 oeuf
1 cuillère de graines d'anis
1 cuillère de graines de sésame
1/2 tasse d'huile
50 g de levure de bière
2 1/2 tasse d'eau tiède
1 1/2 cuillerée de sel

Diluer, faire lever la levure dans une tasse d'eau tiède.
Tamiser la farine dans un grand bol, ajouter le sel, les graines d'anis et de sésame, mélanger le tout.
Former une cavité au milieu, verser 1 1/2 d'eau tiède, la levure levée, l'oeuf et l'huile.
Pétrir jusqu'à obtention d'une pâte élastique, (bien la travailler), laisser lever 1h. 30, enveloppée d'un linge chaud. Partager en 3 ou 4 morceaux.
Former chaque morceau en boule puis l'abaisser au rouleau.
Former un pain rond puis le décorer à son goût.

Le Pain de Pourim

Pour 3 à 4 pains

1 kg de farine
50 g de levure de bière
3 oeufs
1/2 tasse d'huile
1 cuillerée de graines de sésame
1 tasse d'amandes grossièrement coupées
100 gr de raisins secs (facultatif)
1 cuillère de graines d'anis
1/4 cuillerée de sel
2 1/4 tasses d'eau tiède
1 tasse de sucre
6 à 8 oeufs durs
1/2 tasse d'amandes émondées pour
 décorer

Dans une cuve, verser la farine, creuser au milieu une cavité. Verser respectivement tous les ingrédients puis l'eau. Garder les oeufs durs à part. Mélanger à la main, faire une pâte légère, bien la travailler. Partager la pâte en 3 ou 4 morceaux. Former des boules. Poser sur une plaque saupoudrée de farine. Couvrir d'un linge chaud et laisser lever 2 h. Repétrir chaque boule séparément. Laisser de côté une petite quantité de pâte (pour former les lanières qui retiennent l'oeuf dur). Étaler la pâte au rouleau et décorer à votre fantaisie. Sur chaque pain, fixer à l'aide de fines lanières 2 oeufs durs (avec leur coquille). Badigeonner d'un jaune d'oeuf, parsemer d'amandes et cuire au four chaud 30 mn.

Décoration: Pratiquer tout autour du pain des entailles de 3 cm de long et de profondeur. La lanière du milieu est retournée et collée au pain, une de chaque côté. On les colle en les pinçant légèrement.

Pita de Farine de Blé Entier à l'Oignon

10 à 12 pitas

1 kg de farine de blé entier
1/2 kg de farine ordinaire
100 g de levure de bière
6 gros oignons émincés et frits

(4 pour la pâte et 2 pour décorer)
5 1/2 tasses d'eau tiède
1/2 tasse d'huile
2 1/2 cuillerées de sel

Faire lever la levure dans 1 tasse d'eau tiède. Mettre dans une cuve la farine de blé entier, la farine ordinaire et le sel, mélanger 4 oignons frits 1/2 tasse d'huile, la levure et 4 1/2 tasses d'eau tiède. Pétrir la pâte, elle doit être légèrement collante. Pour décoller la pâte des mains et de la cuve, saupoudrer d'une cuillère de farine. Saupoudrer 2 autres sur toute la pâte. Couvrir et laisser lever 1h. 30. Repétrir et partager en 10 ou 12 parts. Etaler chacune à l'aide de la paume de la main. En faire des pains ronds de 15 à 18 cm de diamètre et 2 à 3 cm d'épaisseur. Parsemer chaque pita d'une cuillère d'oignon frit. Disposer sur une tôle graissée, couvrir d'un linge et laisser lever 30 mn. Chauffer le four et cuire 20 à 30 mn. Après la cuisson, recouvrir, la pita doit rester tendre. Cette recette peut également servir pour faire du pain de farine blanche mais il faudra alors diminuer la quantité d'eau.

Pita à la Marjolaine "Elkerssa Bemert' dedouche"

Pour 8 à 10 pitas

1 kg de farine ordinaire
2 cuillères de marjolaine
 ou orégan haché
50 g de levure

1/2 tasse d'huile d'olive
3 tasses d'eau tiède
1 1/2 cuillerée de sel

Faire lever la levure dans une tasse d'eau tiède. Dans un bol, mettre la farine, la marjolaine et le sel. Mélanger. Ajouter l'huile et 2 tasses d'eau à la levure. L'incorporer au mélange de farine et pétrir. On doit obtenir une pâte plus légère qu'une pâte à pain régulière. Saupoudrer d'une ou deux cuillères de farine. Couvrir 1h. 30 pour faire lever. Saupoudrer de farine une surface plate et travailler la pâte. Partager en plusieurs boules. Étaler à l'aide de la paume de la main en pains ronds, plats, et refaire lever 30 mn. Cuire à four chaud 30 mn. Couvrir d'un linge après la cuisson.

Pita à l'Oignon et Poulet

pour 10 pitas

Pâte:

1 kg de farine
50 g de levure
3 tasses d'eau tiède
125 g de margarine (ou 1/2 tasse d'huile)
1 cuillerée de sel

Farce:

1/4 kg de gras de poulet
1 kg d'oignons
1/2 tasse de coriandre émincée
1/2 kg de restes de poulet
1 1/2 cuillerée de poivre noir
1/2 cuillerée de sel

Préparer la pâte à pain. Couvrir et laisser lever 1 h. Entretemps, peler et couper les oignons en quartiers fins. Ajouter les restes de poulet et le gras puis faire revenir le tout durant 1 h, jusqu'à effritement de la volaille. Ajouter coriandre, poivre et sel. Travailler la pâte et la partager en 20 boules. Former des pains ronds et plats. Placer sur un linge, couvrir et faire lever 30 mn. Napper chaque pain d'une couche de farce et recouvrir d'un 2ème pain.
Pincer tout autour pour coller.
Cuire à four chaud 30 mn.

Pâte Frite à la Cannelle "Khdod Zeouana Belkarfa"

1 kg de farine
50 g de levure de bière
3 tasses d'eau tiède
1 cuillerée de sucre
1/2 cuillerée de sel

1/4 tasse d'huile
1 cuillerée de cannelle
Sucre pour glacer ou miel
Huile de friture

Mélanger la levure, l'eau, le sucre, le sel et l'huile. Mettre la farine dans un bol, creuser une cavité et verser le mélange. Pétrir doucement. Obtenir une pâte à pain régulière. Partager la pâte en 4 boules. Saupoudrer de farine et étaler la pâte en pains ronds de 2 cm d'épaisseur. Couper en triangles, poser sur un linge saupoudré de farine, couvrir et laisser lever 30 mn. Les triangles doivent doubler de volume. Chauffer l'huile dans une poêle et frire jusqu'à ce que les morceaux soient dorés.
Disposer sur du papier absorbant afin d'en éliminer l'excédent d'huile.
Disposer sur un plat de service, saupoudrer de sucre glacé et cannelle ou tremper dans du miel.
Accompagner de thé.

Pâte Salée Feuilletée Cuite "M'Semna"

1 kg de farine
1/2 tasse d'huile
125 g de margarine ou 100 g de beurre
1/4 cuillerée de bicarbonate de soude

2 1/2 tasses d'eau tiède
50 g de levure de bière
1 cuillerée de poivre noir
1 1/2 cuillerée de sel

À la farine, ajouter eau, margarine, levure, bicarbonate, poivre et sel. Travailler le tout pour en faire une pâte élastique. Étaler au rouleau à pâtisserie et enduire d'huile. Plier en 4 et étaler de nouveau au rouleau et réenduire d'huile. Plier et répéter l'opération 3 à 4 fois, jusqu'à ce qu'il n'y ait plus d'huile. Étaler en une feuille circulaire. Rouler en spirale et disposer sur une tôle graissée. Aplatir avec la main, tirer la pâte sur toute la surface de la tôle afin que celle-ci reprenne sa forme originale. Laisser lever 1 heure dans un endroit sec et chaud. Cuire au four chaud 30 mn. La pâte feuilletée doit être légèrement plus dorée que du pain ordinaire.

La Mofléta

pour 30 à 40 unités

1 kg de farine
50 g de levure
3 tasses d'eau tiède

1/4 tasse d'huile
Beurre, miel, pincée de sel

Mettre la farine dans un bol, creuser une cavité, ajouter l'eau, la levure diluée, une pincée de sel et 1/4 tasse d'huile. Travailler et obtenir une pâte légère et élastique. Graisser une surface plate, partager la pâte en 30 à 40 petites boules, laisser reposer 30 mn. Couvrir d'un linge. Chauffer un ustensile à l'épreuve du feu. Graisser une autre surface ainsi que la paume de la main. Étaler la pâte du bout des doigts, en une feuille circulaire et fine. Faire cuire sur un côté sans huile. Retourner et déposer une seconde feuille sur la face déjà cuite. Continuer l'opération jusqu'à obtention d'une quantité désirée de feuilles. Mettre les unes sur les autres sur un plat et couvrir d'une serviette.
Pour servir, séparer les feuilles et les enduire une à une de beurre et de miel.
La Mofleta est préparée le soir de la Mimouna. C'est une coutume marocaine.

Crêpes Marocaines "Elbaghrir"

pour 20 crêpes

2 1/2 tasses de farine
2 1/2 tasses de semoule fine
4 oeufs
2 cuillerées de levure à gâteaux
4 1/2 tasses d'eau tiède
2 cuillères de sucre

1 cuillerée de cannelle
Quelques gouttes d'eau de rose
 (ou vanille)
Pincée de sel
Beurre, miel

Bien mélanger tous les ingrédients indiqués afin de diluer les grumeaux. Utiliser un mélangeur électrique ou passer au tamis. Laisser reposer 30 mn. Chauffer une poêle Tefal, verser une louche de cette préparation.
Étaler en bougeant la poêle sur toute sa surface et cuire à feux doux.
Lorsque la surface de la pâte se perfore comme une ruche d'abeilles, la crêpe est prête. Ne pas retourner. Servir les crêpes chaudes, tartiner de beurre puis de miel. Saupoudrer de cannelle (selon les goûts).

Plat de Galettes de Pessah "Solda"

pour 4 à 6 personnes

6 à 8 galettes
2 oignons
6 à 8 tasse de jus de poulet
1 cuillerée de curcuma

1/4 tasse d'huile
1 cuillerée de poivre noir
1 cuillerée de sel

Nettoyer, émincer et faire revenir les oignons. Ajouter le jus de poulet. Porter à ébullition. Casser grossièrement les galettes et les jeter dans le bouillon. Les galettes devront absorber tout le jus. Éviter de remuer si l'on ne veut pas obtenir une purée. Servir chaud.

Pizza Marocaine "Mkerdate Delkhebz"

pour 6 à 8 personnes. Se prépare avec tous les morceaux de pain inutilisés.

10 à 12 tranches de pain
1 tasse de coriandre émincée
3 ou 4 oeufs durs, grossièrement râpés
1 tasse d'olives émincées (noires ou vertes)
1 cuillère de sahka (voir recette) ou 1 cuillère de paprika piquant

1 cuillerée de cumin
1 tomate écrasée en purée
2-3 gousses d'ail
1 boîte de sardines
1 citron mariné
1/4 cuillerée de sel
1/4 tasse d'huile d'olive

Faire un mélange de tous les ingrédients et condiments. Laisser de côté les oeufs durs et les sardines. Graisser une tôle. Disposer par-dessus les tranches de pain, recouvrir d'une couche du mélange. Écraser ensemble sardines et oeufs et garnir la pizza. Passer au four chaud 5 à 10 mn. Servir immédiatement après.

Plat de Pâtes

pour 4 à 6 personnes

1 1/2 litre de bouillon de poulet
1/2 kg de pâtes maison
Sel

1/2 cuillerée de poivre blanc
1/4 cuillerée de curcuma
(1/8 cuillerée de safran)

Épicer le bouillon et porter à ébullition. Jeter les pâtes, réduire le feu et cuire jusqu'à évaporation de tout le liquide. Servir chaud.

Photo de droite: en haut à gauche: Nougatine d'amandes, à droite: Boules de Coings, en bas à droite: Confiture de pamplemousse, à gauche confiture de navets (recettes en pages 157, 183, 181, 180).
Photos suivantes: photos de gauche: en haut: beignets enfilés, à droite: pâte à frire à la cannelle, à gauche: les crêpes marocaines, en bas: la mofleta (recettes en pages 178, 146, 147, 147).
Photo de droite: Pain de Pourim avec le petit lait et le couscous au lait (recettes en pages 144, 25).

Les Pâtes Maison — Linetria

Préparer les pâtes "maison" était une occupation agréable et toutes les femmes présentes se faisaient un plaisir de mettre la main à la pâte. Elles s'assayaient généralement sur des petits coussins à même le sol et roulaient entre leurs doigts agiles des petites pâtes très fines. Les pâtes un peu plus larges étaient découpées sur la table. Pour les faire sécher, on mobilisait toutes les surfaces planes disponibles à la maison: tables, plateaux, parfois même les lits recouverts de draps.

Pâtes Plates et Fines "Linetria"

pour 8 à 10 personnes

1 kg de farine
8 oeufs
10 cuillères d'huile
10 cuillères d'eau
1 cuillerée de sel

Verser la farine dans un récipient, creuser une cavité puis y incorporer tous les condiments. Bien mélanger jusqu'à obtention d'une pâte délicate et élastique, pour cela la pétrir en la travaillant 10 mn. Partager ensuite la pâte en 3 ou 4 boules, saupoudrer de farine, couvrir d'un linge. Saupoudrer une surface de farine puis étaler chaque boule en une feuille de 2 mm d'épaisseur environ. Saupoudrer également de farine le dessus de la pâte puis la couper en lanières séparées de 1 1/2 cm, poser sur un linge, laisser sécher 2 à 3 jours à l'air.
Ne pas ébouillanter avant usage. On peut les faire cuire dans un bouillon de poulet au safran.

Les Pâtes au Safran

pour 4 à 6 personnes

1/2 kg de pâtes (langues d'oiseaux, vermicelles ou autre)
1/2 cuillerée de poivre blanc
1/8 cuillerée de safran (ou 1/4 de curcuma)
1/4 tasse d'huile
Eau de cuisson
Sel

Porter à ébullition l'eau additionnée de sel et 1 cuillerée d'huile. Jeter les pâtes et continuer la cuisson 20 mn. Égoutter, rincer et égoutter à nouveau. Dans une grande casserole, mettre huile, poivre et safran puis chauffer. Verser les pâtes quelques minutes en mélangeant le tout.
Servir accompagnées d'un plat.

Photo de gauche: Les Fazuelos, à gauche: Gâteau remontant (recette en page 170).

Les Gâteaux Confitures et Fritures

La pâtisserie était principalement constituée d'amandes et de noix, fruits secs très abondants au Maroc. On en achetait, en sacs, par grosses quantités. La préparation de la pâtisserie était en principe reliée à une occasion spéciale, telle que fête, mariage ou accompagnant un thé. Par contre le biscuit simple, "Elghefa" était toujours prêt à être dégusté par la famille ou par un invité impromptu.

Chaque ville était réputée pour sa spécialité: Fez "Grone Del Ghzel" (cornes de Gazelles) et "Ness Lehallal" (petits croissants); Mogador: Les massapans; Casablanca, la grande ville: Les gâteaux au miel; dans les villages: les délicieuses pâtes levées. Les habitants d'une ville empruntaient les recettes aux autres.

A la pleine saison de fruits et légumes, les confitures étaient généralement préparées. Elles étaient constituées de toutes sortes de fruits et légumes plus ou moins sucrés, tels que navet, betterave, courge rouge, courge verte et tomate. Les Tétouanais (habitants de la ville de Tétouan) étaient les spécialistes des confitures par excellence. Ces dernières étaient élaborées dans de grandes marmites en bronze ou en cuivre lors des fêtes et pour les préparatifs du mariage, à la "Soura" (exposition du trousseau de la mariée). Cette exposition était la fierté et l'honneur des parents et de la future épouse. En cette occasion, les tables dégorgeaient de pâtisseries et de confiseries que dégustaient les invités venant contempler ces riches étalages.

Aux amuse-gueules "kémia" préparés à partir d'amandes frites et autres, s'ajoutaient les coeurs d'artichauts et cardons trempés dans l'eau salée, pour accompagner les boissons alcoolisées.

L'extrait de fleurs d'oranger figure dans plusieurs recettes et doit être utilisé avec précaution car un excès de cet arôme donne un goût amer à la pâte.

Le Gâteau des Mariés

Biscuit

12 oeufs
6 tasses de farine
2 tasses de sucre
1 1/2 cuillerée de levure à patisserie
1 tasse d'huile
1 tasse de jus d'orange

Glaçage:

5 blancs d'oeufs
1 1/2 tasse de sucre à glacer

Garniture

2 cuillères de sucre
1 tasse de jus d'orange
1/2 tasse de rhum
2-3 tasses de pâte d'amandes
2 tasses d'ananas
1 tasse de confiture chaude
1/2 tasse de coco

Battre les blancs des 12 oeufs en neige avec 2 tasses de sucre. Dans un autre récipient, mélanger au fouet les jaunes, y ajouter l'huile le jus d'orange et la levure. Y incorporer la farine par petites quantités, bien mélanger puis verser dessus le blanc en neige, délicatement, toujours en mélangeant le tout. Verser, en étalant, dans une grande tôle ou à défaut, deux tôles moyennes. Enfourner (à feu doux). Une fois le biscuit prêt, laisser refroidir. Couper horizontalement en deux épaisseurs chaque gâteau. Faire une préparation en mélangeant le rhum, jus d'orange, 2 cuillères de sucre. Arroser la première épaisseur du gâteau, napper de confiture (préalablement chauffée) et saupoudrer de coco. Disposer une autre couche de biscuit, l'arroser, napper d'ananas broyé. Poser une 3ème couche de biscuit, l'arroser, napper de pâte d'amandes. Couvrir d'une dernière couche de biscuit, l'arroser. On obtient ainsi un gâteau à étages. Décorer de blancs d'oeufs battus en neige avec le sucre glacé.

Sirop Épais pour Glaçage de Gâteaux "Elmaâkoud"

1 kg de sucre
4 tasses d'eau

le jus d'un citron
5-6 gouttes d'extrait de fleurs d'oranger

Dans un récipient, verser le sucre, ajouter les 4 tasses d'eau. Cuire à petit feu jusqu'à obtenir un sirop épais et translucide. Pour vérifier, tremper le bout d'une petite cuillère dans le sirop, saisir une goutte entre le pouce et l'index. Si, en écartant les deux doigts, il se forme un filet fin, le sirop est prêt. Ajouter le jus de citron et laisser cuire encore quelques minutes. Verser quelques gouttes d'extrait de fleurs d'orangers, mélanger. Laisser refroidir et conserver dans un bocal en verre.

Gâteau au Coco "Palébé Delkoko"

6 oeufs
1 1/4 tasse de sucre
1 1/2 tasse de farine
1 1/2 tasse de coco

1 1/2 cuillerée de levure à gâteaux
1 tasse de jus d'orange pressée
1/2 tasse d'huile

Casser les oeufs, séparer les blancs des jaunes. Battre les blancs en neige avec 1/4 tasse de sucre. Ajouter le jus d'orange, l'huile et continuer à battre. Incorporer le coco, la farine, la levure puis mélanger. Travailler les jaunes avec 1 tasse de sucre. Mélanger, délicatement, à la préparation précédente, à l'aide d'une spatule ou d'une cuillère de bois. Verser dans un moule préalablement graissé et cuire 30 mn à four moyen.

La Chebakia au Miel

Pâte:

1 kg de farine
50 g de levure
5 1/2 tasses d'eau tiède
1 cuillère de sucre
1 tasse de graines de sésame (facultatif)
1/2 cuillerée de sel

Sirop:

3 tasses de sirop (voir recette)
1 tasse de miel chaud
Huile de friture
Entonoir (fin) ou douille

Dans une tasse d'eau tiède, diluer une cuillère de sucre, une pincée de sel et la levure. Faire lever. Dans un récipient, préparer une pâte en mélangeant la farine, la préparation précédente et 3 tasses d'eau tiède. La texture doit être presque coulante. Verser par-dessus 1/2 tasse d'eau, couvrir et laisser lever 2h. Après la fermentation, battre à la main afin que la pâte absorbe l'eau, ajouter 1/2 tasse d'eau puis laisser lever encore 1 heure.
Répéter une 3ème fois l'opération puis laisser lever 30 mn. Chauffer l'huile dans une casserole profonde. À l'aide d'une cuillère, verser la pâte dans l'entonoir en bouchant l'orifice avec le doigt. Former dans l'huile chaude des lanières rondes. Préparer un sirop chaud additionné de miel. Jeter les lanières, les laisser imbiber dans le sirop.
Saupoudrer de graines de sésame préalablement grillées puis les disposer, en pyramides, sur un plat de service.

Croissants aux Cacahuètes

pour 40 à 50 croissants

1 kg de cacahuètes grillées et hachées (Arachide)
1 tasse de cacahuètes grossièrement concassées
1/2 kg de farine grillée
3 tasses de sucre

2 blancs d'oeufs
4 jaunes d'oeufs
1 1/2 cuillerée de levure à gâteaux
1 cuillère de cannelle
1 cuillère de poudre de clous de girofle

Hacher les cacahuètes puis les mélanger au sucre. Griller, sans brûler, la farine au four ou dans une poêle.
Mélanger tous les ingrédients, jaunes d'oeufs et blancs battus, en faire une pâte.
Graisser les mains, prendre une petite quantité, la rouler entre les deux paumes, puis former un petit croissant avec les deux extrémités effilés.
Les rouler dans les cacahuètes concassées, les disposer sur une tôle graissée et cuire au four (chaud) 5 mn.

Les Cornes de Gazelles "Grone Del Ghzel"

pour 40 à 50

3 1/2 tasse de farine
1/2 tasse de sucre
2 oeufs
1 cuillère de zestes d'orange
3-4 gouttes d'extrait de fleurs d'oranger
1/4 tasse d'huile ou 50 g de margarine
1/4 tasse de jus d'orange

Farce

2 tasses de pâte d'amandes (voir recette)
1 tasse d'amandes grillées
3-4 gouttes d'extrait de fleurs d'oranger

Glaçage

1 tasse de sucre à glacer
1/2 tasse de jus d'orange (chaud)

Verser la farine dans une terrine puis creuser un puits. Casser les oeufs, ajouter l'huile ou la margarine fondue, les zestes d'orange puis les gouttes d'extrait. Pétrir la pâte jusqu'à ce qu'elle soit homogène et sèche (la travailler environ 15 mn). L'étendre à l'aide du rouleau en une feuille très fine. Découper les carrés de pâte à l'aide d'une roulette. Avec la pâte d'amandes, former des bâtonnets, de la grandeur d'un doigt, les rouler dans les amandes concassées. Sur chaque carré de pâte, placer un bâtonnet, en biais, puis plier pour former un croissant. Recourber les extrémités et disposer sur une tôle graissée. Enfin, cuire 30 mn au four (moyen).
Passer dans le jus d'orange chaud puis dans le sucre à glacer.

Remarque: Autre manière de plier les cornes de gazelle: Se servir d'un verre renversé en guise de moule. Couper la pâte à l'aide du verre. On obtient ainsi des petites galettes très fines. Placer la farce au milieu, plier la feuille puis coller les extrémités.

Nougatine de Cacahuètes, d'Amandes ou de Graines de Sésame

Pour chaque tasse et demie d'amandes, cacahuètes grillées, préparer 1 tasse de sucre caramel. Pour 2 tasses de graines de sésame, 1 tasse de sucre caramel.

Nougatine de Graines de Sésame

Pour deux tasses de graines de sésame, 1 tasse de sucre de caramel.

Griller les graines de sésame préalablement nettoyées.

Préparation du caramel: Dans une casserole, faire fondre (à feu doux) le sucre, en versant une cuillerée à la fois jusqu'à épuisement de la quantité indiquée. Veiller à ce que le caramel ne brûle pas. Lorsque tout le caramel est prêt, y incorporer les graines de sésame et bien mélanger. Verser sur un plan de travail en bois huilé, puis étaler (1 cm d'épaisseur) à l'aide d'un rouleau à pâtisserie préalablement graissé.
Découper des losanges et laisser durcir avant de décoller.

Nougat aux Amandes "Zabane Belouze"

1 kg de sucre à glacer
1 1/2 tasse d'eau
2 blancs d'oeufs
1 tasse d'amandes émondées et grillées

1/2 tasse de sucre
100 g de noix décortiquées
1 cuillère de sucre
1/2 cuillerée de (Maska) gomme arabique

Faire fondre le sucre dans l'eau, cuire à feu très doux en remuant continuellement (pour éviter au sirop de brunir) jusqu'à ce qu'il devienne translucide et homogène. Retirer du feu puis laisser refroidir. Battre les blancs en neige ferme en y incorporant 1/2 tasse de sucre. Verser par petites quantités sur le sirop tiède puis mélanger. Le mélange obtenu devra être blanc et dur. Planter (en enfonçant) les amandes. Transvaser dans une coupe puis décorer de moitiés de noix et d'amandes grillées.

Couronnes Salées

60 à 70 couronnes

1 1/4 kg de farine
500 g de margarine (molle)
1/2 tasse d'huile
3 jaunes d'oeufs
1 1/2 tasse d'eau

30 gr de levure de bière
1 cuillerée de levure à gateaux
2 cuillerées plates de sel
Graines de sésame et un blanc d'oeuf
 pour glaçage

Dans une tasse d'eau tiède, diluer la levure. Préparer une pâte avec tous les ingrédients. Laisser lever 2 heures et demie. Prendre des petites quantités de pâte, saupoudrer de farine un plan de travail, rouler la pâte et couper en lanières de 8 à 10 cm de longueur. Arrondir les 2 extrémités et les coller en les pinçant. Battre légèrement un blanc d'oeuf, les y tremper, les rouler ensuite dans les graines de sésame. Cuire 25 mn au four chaud.

Les Galettes "Bonne Maman"

5 à 6 grandes galettes

1 kg de farine
1 tasse d'huile
1 1/2 tasse de jus d'orange
1 1/2 tasse de sucre

3 oeufs
2 cuillerées de levure à gâteaux
1 cuillère de graines de sésame
1 cuillère de graines d'anis

Casser les oeufs, les mélanger à tous les ingrédients indiqués. Verser la farine dans une terrine, creuser un puits, y verser délicatement le mélange préparé. La pâte doit être souple. Saupoudrer une surface de farine puis travailler la pâte quelques minutes. Partager en 5 ou 6 morceaux. Former des boules puis étaler au rouleau, une après l'autre (1/2 cm d'épaisseur). Les galettes obtenues devront être rondes. Pincer tout autour à l'aide du pouce et de l'index, puis pincer fort ensuite la surface de la galette. La décoration peut se faire également à l'aide d'une roulette. Cuire 20 mn au four (moyen).

Mona

Pâte

1 1/4 kg de farine
100 g de levure de bière
6 jaunes d'oeufs
1/2 tasse de sucre
2 tasses d'eau tiède
1 1/2 cuillerée de levure à gateaux
1 tasse d'huile (ou 250 g de margarine)
1 pincée de sel

Farce:

4 blancs d'oeufs
1 tasse de sucre
1 cuillère de cannelle
2 1/2 tasses de confiture de raisins
 (voir recette)

Faire une pâte légère et souple de tous les ingrédients indiqués. Couvrir et laisser lever 2 heures. Séparer en 5 ou 6 parts. Les rouler dans la farine. Étaler au rouleau (1 cm d'épaisseur). Battre les blancs d'oeufs avec le sucre. Napper la pâte étalée, saupoudrer de cannelle puis ajouter par-dessus une couche de confiture de raisins. Rouler puis déposer sur une plaque graissée. Badigeonner d'un jaune d'oeuf et cuire au four (moyen) 20 à 25 mn.

Baklaoua

25 à 30 feuilles (voir recette)

Farce:

1 tasse d'amandes grillées
1/2 tasse de noix
1 tasse de pistaches
1/2 tasse de graines de sésame grillées

1/2 tasse de miel chaud
 (ou confiture chauffée)
2 cuillères de cannelle

Sirop

2 tasses de sucre
1 1/2 tasse d'eau
1 citron

Griller et concasser les noix, les pécanes et les amandes. Verser le miel chaud et les graines de sésame puis mélanger. Graisser un moule carré (environ 22 cm de côté), y étaler une couche de feuilles, enduire d'une couche de farce, recouvrir de feuilles et répéter l'opération. Terminer par une couche de feuilles, la graisser et cuire 10 mn au four (vif). Le gâteau devra être légèrement doré. Préparer un sirop avec le sucre, l'eau et le jus de citron, porter à ébullition et le verser sur le gâteau chaud. Le conserver dans son moule puis le couper en triangles à l'aide d'un couteau aiguisé. Laisser refroidir.
Les feuilles à Babklaoua "Filo" se vendent sur le marché.)

Meringues Simples

40 à 50 meringues

10 blancs d'oeufs
2 tasses de sucre
1/4 cuillerée de gomme arabique

1 cuillerée de sucre
Moules en papier

Battre les oeufs en neige très ferme avec le sucre. Mélanger la gomme avec 1 cuil. de sucre et l'y incorporer. Remplir les moules à l'aide d'une douille. Enfourner à feu réduit 30 à 40 mn. Les meringues devront rester blanches. Il s'agit plus de les dessècher que de les cuire: la croûte devra être dure mais l'intérieur devra rester mou. Laisser refroidir puis conserver dans un endroit sec.

Macarons de Dattes et de Noix

30 à 40 macarons

500 g de dattes dénoyautées
1 tasse de noix grossièrement hachées
1 tasse d'amande grossièrement hachées
1 tasse de raisins secs macérés dans du rhum
1/4 tasse de rhum ou cognac

1 tasse de vin doux
1/4 tasse d'amandes finement hachées (avec leur peau)
1/4 tasse de sucre
1/2 cuillerée de clous de girofle (en poudre)
1/2 cuillère de cannelle
1/4 cuillerée de poudre de gingembre

Faire macérer les raisins dans le rhum 2 heures. À feu doux, ramollir les dattes dans le vin. Mélanger sans arrêt les dattes jusqu'à obtention d'une pâte homogène et épaisse. Retirer du feu. Y ajouter les noix les amandes grossièrement hachées, les épices et les raisins secs avec leur rhum. Former des boules de la grosseur d'un pruneau.
Dans un bol, mélanger les amandes finement hachées et le sucre puis enrober les macarons de ce mélange les disposer dans des petits moules en papier.

Biscuits au Coco

40 à 50 biscuits

Pâte

1 kg de farine
500 g de margarine
2 tasses de sucre
1/2 tasse de jus d'orange
4 oeufs
Vanille
2 cuillères de zestes d'orange
2 cuillerées de levure à gâteaux

Glaçage

1 tasse de coco
1/2 tasse de confiture (chaude) ou de sirop (voir recette)

Avec tous les ingrédients, préparer une pâte. Prélever des petits morceaux de la grosseur d'un pruneau, former des petites dattes. Enfourner 15 mn (espacer sur la tôle les biscuits car leur volume augmente). Laisser refroidir.
Les rouler d'abord dans le sirop ou la confiture puis dans le coco.

Photo de droite: Confitures et ses ingrédients.
Photos suivantes, photo à gauche: en haut: Cigares au miel, en bas: Roses en feuilles de pâte (Wouarka) (recettes en pages 161, 168).
Photo à droite: au centre: fruits de mazipan (pâte d'amandes), de droite à gauche; Confiture de raisins secs, oranges en sirop, confitures de pastèque, confiture d'aubergines (recettes en pages 169, 182, 181, 182, 180).

Les Truffes aux Cacahuètes

20 à 30 truffes

2 tasses de cacahuètes hachées
2 cuillères de farine grillée
1 tasse de sucre
2 jaunes d'oeufs
1/2 cuillerée de levure à gâteaux
1 oeuf
1/2 cuillerée de cannelle
1/4 cuillerée de gingembre
1/4 cuillerée de macis
1/2 cuillerée de clous de girofle (en poudre)
Sucre à glacer

Griller les cacahuètes et les hacher à deux reprises (avant de hacher la 2ème fois, y incorporer le sucre). Ajouter les épices, les oeufs, la farine (grillée) et la levure à gâteaux. Mélanger le tout puis former des petites boules. Les disposer dans des petits moules en papier et cuir au four 5mn (chaud). Les boules augmentent de volume et craquellent. Saupoudrer abondamment de sucre glace chacune d'elles. Laisser refroidir et conserver dans une boîte en métal ou autre.
Pour griller la farine: la placer dans une poêle sur un feu doux. Remuer, sans arrêt avec une cuillère en bois afin qu'elle ne brûle pas.

Petits Gâteaux de Coco Cru

30 à 40 gâteaux

2 tasses de coco
1 tasse de sucre
1/2 tasse d'eau
1 blanc d'oeuf battu
Des gouttes d'extrait de fleurs d'oranger
Colorant alimentaire
Clous de girofle
Feuilles de menthe fraîche pour décorer

Avec le sucre et l'eau, préparer un sirop épais mais clair. Laisser tièdir puis incorporer le blanc d'oeuf battu en neige. Ajouter le coco, bien mélanger le tout à l'aide d'une spatule en bois. Séparer en 3 parts. Colorer au choix chaque part. Modeler la forme de fruits que l'on veut. Disposer dans des moules en papier sur un plat de service. Les poires seront décorées d'un clou de girofle et de petites feuilles de menthe piquées au sommet.
Pour alterner avec la pâte d'amandes, préparer ces petits gâteaux et leur donner la forme de fruits que l'on désire, soit pommes, oranges ou bananes.

Meringues au Coco

40 à 50 meringues

8 blancs d'oeufs
2 tasses de sucre
5 tasses de coco
Moules en papier

Battre les blancs d'oeufs en neige ferme avec le sucre. Incorporer le coco et mélanger. Disposer sur une tôle les moules en papier puis les remplir de crème de meringue à l'aide d'une douille. Cuire 30 à 40 mn à feu très doux. Faire dorer à peine. Laisser refroidir.

Photo de gauche: Fruits farcis de pâtes d'amandes, à droite: nougat de graines de sésame, à gauche: les truffes aux cacahuètes (recettes en pages 172, 157, 165).

Boules aux Carottes "Héloua De Hizou"

40 à 50 boules

1 kg de carottes
1/2 tasse de sucre glace ou coco
1/4 kg de sucre
2 tasses d'eau

1 cuillerée de macis
1/2 cuillerée de gingembre
1/2 citron

Laver, peler et râper finement les carottes (fraîches). Préparer un sirop avec le sucre et l'eau. Presser les carottes pour en extraire le surplus d'eau puis les incorporer au sirop. Cuire 1h. 30. Épicer puis ajouter le jus de citron. Laisser tiédir et former des petites boules.
Les enrober de coco et les disposer dans des moules en papier. Conserver dans une bonbonnière.
On peut également étaler la préparation sur une plaque graissée et couper en losanges.

Montecaos "Ghreiba"

40 à 50 Montecaos

6 tasses de farine
2 tasses de sucre glace
500 g de margarine (très molle)

100 g de beurre
2-3 gouttes d'extrait de fleurs d'oranger

Préparer une pâte molle mais non collante avec tous les ingrédients indiqués. Prélever des petites quantités de la grosseur d'un pruneau, former des boules, les aplatir légèrement. Saupoudrer une tôle de farine préalablement graissée puis les diposer, en les espaçant les unes des autres. Cuire à four moyen pendant 15 mn (laisser très clair).
Saupoudrer les montecaos chauds de sucre glace.

Montecaos au Coco

40 à 50 montécaos

6 tasses de farine
1 1/2 tasse de coco
2 tasses de sucre glace
1 tasse d'huile

500 g de margarine (molle)
2-3 gouttes d'extrait de fleurs
  d'oranger (ou de vanille)
1 1/2 cuillerée de levure à gâteaux

Avec tous les ingrédients, préparer une pâte molle mais non collante. Prendre des petites quantités de la grosseur d'un pruneau, former des petites boules puis les aplatir légèrement. Pratiquer sur chaque boule une fente, au milieu, à l'aide d'un couteau. Disposer sur une tôle graissée puis enfourner à feu doux 30 mn.
On peut également remplacer le coco par des amandes moulues (avec la peau), ou décorer chaque montécao d'une demi-amande.

Meringues aux Amandes

30 à 40 meringues

1 tasse de blancs d'oeufs
  (6 à 7 blancs)
2 tasses de sucre glace
2 tasses d'amandes hachées avec la peau
  ou noix

hachées (ou noix)
1/4 cuillerée de gomme arabe
1 cuillerée de sucre
moules en papier

Battre les blancs d'oeufs en neige avec le sucre glacé et la gomme arabique. Incorporer délicatement les amandes. Sur une plaque, disposer les moules en papier puis, à l'aide d'une douille, les remplir de meringue. Enfourner 30 mn à feu très doux. Les meringues devront rester très claires.

Couronnes au Sirop

60 à 70 couronnes

1 kg de farine
8 oeufs
10 cuillères d'huile
10 cuillères d'eau

1 cuillère de sucre
Huile de friture
Sirop (voir recette) ou sucre glacé

Mélanger tous les ingrédients à la farine et bien travailler la pâte. Former des petites lanières de pâte d'un cm d'épaisseur et d'environ 10 cm de long. Joindre les deux extrémités en les pinçant. Saupoudrer un plan de travail de farine puis les disposer par-dessus. Chauffer l'huile dans une casserole, les plonger puis laisser frire. Lorsqu'elles sont bien dorées, les retirer, les mettre à égoutter. Les rouler ensuite dans le sirop ou le sucre glacé.

Cigares au Miel

60 à 70 cigares
60 à 70 feuilles de pâte (voir recette)

Farce:
1 tasse de raisins secs
1 tasse d'amandes moulues
2 tasses de cacahuètes grillées
3 cuillères de confiture (ou miel épais)
1 cuillère de cannelle
1 1/2 cuillerée de poudre de clous de girofle
1/2 cuillerée de gingembre
Huile pour friture
1/2 cuillerée de noix de muscade

Collage:
2 cuillères de farine
1 tasse d'eau

Sirop:
2 tasses de sucre
1 1/2 tasse d'eau
Jus d'un demi-citron

Mélanger tous les ingrédients de la farce. Griller les cacahuètes et les hacher (avec la peau brune). Séparer les feuilles de pâte. Sur le bord supérieur, placer un peu de farce, l'étaler sur environ 5 cm de long.
Replier les deux côtés et rouler. Coller l'extrémité (avec le mélange d'eau et de farine).
Une fois tous les cigares roulés, les frire dans l'huile préalablement chauffée.
Laisser égoutter et les passer dans le sirop chaud. Disposer sur un plat de service et saupoudrer de poudre d'amandes grillées.

Gâteau au Caramel   "Héloua Del Aazine"

Pâte:

600 g de farine
1 1/2 cuillerée de levure à gâteaux
4 oeufs
4 cuillères d'eau
4 cuillères d'huile
2-3 gouttes d'extrait de fleurs d'oranger
Huile de friture

Caramel:

1 1/2 tasse de sucre = 1 tasse de caramel
(1 tasse de caramel pour 2 tasses de petits cubes de pâte)

Préparation de la pâte: Mélanger la farine avec tous les ingrédients. Pétrir légèrement.
Obtenir une pâte lisse et homogène. Saupoudrer de farine un plan de travail, puis prendre des petites quantités de pâte et rouler des bandes assez longues.
Les couper ensuite en petits dés de 1 cm.
Les disposer sur un linge préalablement saupoudré de farine, recouvrir au fur et à mesure jusqu'à épuisement de la pâte.
Chauffer l'huile dans une casserole profonde puis jeter les petits dés par poignées.
Frire, dorer légèrement et égoutter.

Préparation du caramel: Sur un feu très doux, verser dans une casserole le sucre cuillerée par cuillerée en remuant sans arrêt à l'aide d'une spatule en bois. Le caramel obtenu doit être de couleur claire. Incorporer alors les petits cubes frits.
Éteindre le feu, mélanger le tout très rapidement puis verser le contenu de la casserole sur un plan de travail préalablement graissé.
À l'aide d'un rouleau à pâtisserie, également graissé, étaler cette préparation. Laisser refroidir puis couper en losanges ou en carrés. Conserver dans une boîte hermétique.
Meilleur un ou 2 jours après sa préparation.

Roses en Feuilles de Pâte   "Wouerda Del Wouerka"

35 à 40 feuilles

300 g de pâte d'amandes
 (voir recette)
35-40 feuilles de pâte (Voir recette)
1 tasse d'amandes hachées
Huile de friture

Sirop:

2 tasses de sucre
1 1/2 tasse d'eau
Jus d'un demi-citron

Etaler une feuille de pâte. Au centre d'une des extrémités, poser une petite boulette de pâte d'amande, replier en moitié puis en quart puis rouler en cône. Diluer la farine dans l'eau puis coller le côté ouvert. Replier vers l'extérieur les bords supérieurs du cône. (On obtient ainsi une fleur en forme de cône.) Chauffer l'huile dans une casserole profonde, tenir "la fleur" à l'envers, de manière à ce que les bords du cône plongent en premier dans l'huile, attendre qu'ils commencent à frire puis lâcher le reste du cône. Répéter la même opération avec tous les autres cônes. Veiller à ce qu'ils soient légèrement dorés.

Égoutter et passer dans le sirop chaud. Saupoudrer d'amandes hachées (non émondées).

Les Massapans

40 à 50 gâteaux

Pâte:

2 tasses de farine
4 jaunes d'oeufs
4 cuillères d'huile
2 cuillères de sucre
1/4 tasse de jus d'orange ou d'eau

Farce:

2 tasses de pâte d'amandes
 (voir recette)
6-8 jaunes d'oeufs
2-3 gouttes d'extrait de fleurs
 d'oranger

Avec la farine et tous les ingrédients, préparer une pâte (bien la travailler pendant 10 mn pour l'assouplir). Former une boule puis l'aplatir au rouleau sur une surface plane jusqu'à obtenir une pâte ultra fine. Huiler puis saupoudrer de farine des moules à barquettes de forme ronde. Avec un coupe-pâte à roulette (ou un verre renversé) découper des cercles de 5 à 6 cm de diamètre. Dans chaque moule, poser un petit cercle de pâte. Mélanger la pâte d'amandes avec les jaunes d'oeufs et la fleur d'orangers, puis remplir les moules. Enfourner 20mn (feu doux). Les Massapans augmentent légèrement de volume après la cuisson. Ils doivent être également dorés. Démouler délicatement.

Petits Gâteaux au Miel et aux Fruits Secs

60 à 70 gâteaux

1 tasse de miel
1 1/2 tasse de cassonade
1 tasse d'huile
3 oeufs
6 tasses de farine
1 1/2 cuillerée de levure à gateau
1 cuillerée de bicarbonate de soude

100 g de noix concassées
250 g de raisins secs
1 jaune d'oeuf
1 cuillerée de cannelle
1 cuillerée de clous de girofle
1/2 cuillerée de gingembre

Chauffer le miel, le retirer du feu, y ajouter l'huile, les oeufs, le bicarbonate et les épices. Bien mélanger le tout à l'aide d'une spatule en bois tout en ajoutant les noix et les raisins secs. Y incorporer délicatement la farine, en fine pluie, continuer de mélanger jusqu'à obtention d'une pâte légère. Former de petites boulettes de la grosseur d'un pruneau puis les ranger sur une tôle préalablement graissée. Glacer le dessus de jaune d'oeuf et cuire environ 15 mn (à feu doux).

Gâteau Remontant "Slou Detkaout"

Pour 10 à 12 personnes

4 tasses de farine grillée
100 g de beurre (ou margarine)
1/2 tasse de miel
1 tasse de sucre
1/4 tasse de graines d'anis
2 tasses de sésame
2 tasses d'amandes émondées et grillées

1/2 tasse d'amandes émondées et grillées
  (pour décorer)
1 tasse de noix décortiquées et grillées
  (en garder quelques-unes pour décorer)
1/2 cuillerée de clous de girofle
1/4 tasse de cannelle

Hacher tous les ingrédients et les mélanger à la farine grillée au four ou à la poêle. Chauffer le miel, jeter le beurre, le diluer puis verser le mélange chaud sur les aliments hachés.
Bien mélanger et former une pyramide sur un plat de service.
Décorer d'amandes et de noix grillées.
Couper en tranches ou manger à la cuillère.

Dans le temps, on en donnait à la femme en couches, en tant que remontant car bien souvent elles avaient besoin d'un tonus pour allaiter.

Les Fazouelos

60 à 70

1 kg de farine
8 oeufs
8 cuillères d'huile
8 cuillères d'eau
1 tasse de sucre glace
Huile de friture

Ustensiles:

1 grande fourchette
1 grande marmite profonde
1 grand passoire

Dans une terrine, verser la farine, creuser un puits au centre, verser dedans les oeufs un à un, puis mélanger. Ajouter l'huile, l'eau et pétrir. Tamiser de farine une surface plane puis poser dessus la pâte et continuer de la travailler à mains nues afin qu'elle devienne homogène. La couper en 10 ou 12 parts, les saupoudrer de farine et les couvrir d'un linge.
Abaisser ensuite chaque part au rouleau jusqu'à 1mm d'épaisseur. Couper des lanières larges et longues (5 cm de large, 30-40 cm de long). Tamiser un peu de farine sur un linge, les disposer par-dessus et couvrir. Répéter la même opération avec le reste de la pâte. Chauffer l'huile dans une grande marmite (sans la porter à ébullition). Secouer la lanière du surplus de farine, piquer l'extrémité à l'aide d'une fourchette puis tenir l'autre extrémité de l'autre main.
Glisser l'extrémité tenue par la fourchette dans l'huile (quelques secondes) puis rouler la pâte autour de la fourchette. L'opération doit se faire très rapidement afin que le Fazouelo ne brûle pas. Ne doit pas être doré, mais de couleur claire. Placer dans un passoire pour faire égoutter l'excédent d'huile. Disposer délicatement sur un plat de service et saupoudrer de sucre glace.
Les Fazuelos sont très friables.

Préparation de la Pâte d'Amande   "Marzipan"

1 kg d'amandes émondées *
1 kg de sucre

2 1/2 tasses d'eau
Jus d'un citron

Préparation no 1: Rincer et tremper 30 mn dans l'eau froide les amandes émondées. Égoutter et sécher à l'aide d'une serviette. Hacher à deux reprises. Verser l'eau dans une casserole, faire fondre à feu doux le sucre jusqu'à formation d'une mousse à la surface. Verser le jus de citron puis mélanger. Incorporer les amandes hachées. Éteindre le feu, mélanger 20 mn à l'aide d'une spatule en bois jusqu'à obtention d'une pâte épaisse et collante. Couvrir d'un linge très fin ou d'un morceau de gaze. Laisser refroidir puis confectionner des petits gateaux de formes variées, selon les goûts et selon son imagination. Conserver au réfrigérateur.
Si la pâte obtenue est très collante, saupoudrer de sucre glace, ou encore humecter les mains avant de la travailler. Si l'on désire obtenir des gâteaux plus secs, saupoudrer un plateau de sucre glace et les disposer par-dessus. Les saupoudrer également si nécessaire.

* *Pour émonder les amandes, les tremper dans l'eau bouillante.*

Préparation no 2 (plus facile)

1 kg d'amandes émondées et
   hachées

4 tasses de sucre glacé
1/4 tasse sirop de fruits

Tremper 30 mn les amandes dans l'eau froide, égoutter, sécher puis hacher à deux reprises. La 2ème fois, avant de hacher, ajouter le sucre. Verser dans une casserole, incorporer le sirop de fruits (3 cuil. de sirop 1 tasse d'eau), mettre sur le feu, bien mélanger le tout à l'aide d'une spatule en bois. Retirer du feu, laisser refroidir puis façonner les formes désirées (pommes, poires, mandarine, fraises, etc...).

Grilles de Pâte au Sirop   "Graouj"

Pour 50 à 60 gâteaux

250 g de margarine
1 tasse d'eau tiède
600 g de farine
4 à 5 gouttes de fleur d'oranger ou vanille
Huile de friture

Sirop

2 tasses de sucre
1 1/2 tasse d'eau
Jus d'un demi-citron

Sur un feu doux, faire fondre la margarine dans l'eau. Laisser tiédir puis incorporer la farine, mélanger puis pétrir en pâte légèrement collante. Travailler la pâte 5 mn, la partager en 3 boules, saupoudrer de farine et couvrir d'un linge. Étaler la première boule à une épaisseur d'un cm puis rouler en saucisson. Couper en tranches de 3 à 4 cm de large. Étaler en carrés de 8 cm de côté environ, régulariser les côtés à l'aide d'une roulette. Repasser la roulette au milieu afin de façonner 3 à 4 lanières non détachées. Entrelacer ensuite ces lanières afin de former un genre de petites grilles. Disposer sur un linge préalablement saupoudré de farine. Chauffer l'huile, frire, dorer légèrement et disposer dans une passoire. Enrober de sirop chaud, laisser refroidir et servir.

Dattes, Pruneaux et Noix Fourrés

50 à 60 unités

3 tasses de pâte d'amandes
1/2 kg de dattes dénoyautées
1/2 kg de pruneaux dénoyautés
1/2 kg de noix séparées en moitiés

50 à 60 petits moules en papier
Colorant alimentaire (vert, rouge, jaune)
Sucre glace
Glaçage ou fondant (voir recette)

Partager la pâte d'amandes en 3 boules. Colorer différemment chacune d'elles à l'aide du colorant. Travailler délicatement et saupoudrer de sucre glacé. Façonner des noyaux similaires à ceux des dattes, pruneaux, farcir les fruits en faisant déborder légèrement la farce. Tremper la partie supérieure uniquement dans le fondant. Remplir les petits moules et disposer sur un plat de service.
Avec la pâte d'amande, on peut façonner toutes sortes de fruits, tels que poires, fraises, pommes. Par exemple, aux poires, ajouter du colorant vert; aux oranges, un peu de couleur orange puis décorer d'une feuille verte; aux fraises du colorant rouge et une feuille verte. Utiliser des feuilles de menthe. Reformer la noix en adhérant chaque moitié à une petite boule de farce.

Glaçage

2 tasses de sucre glace
1/2 tasse de sirop de fruits
1 1/2 cuillère de fécule de maïs
2 tasses d'eau

Jus d'1/2 citron
2-3 gouttes d'extrait de fleurs
    d'oranger (ou vanille)

Sur un feu doux, délayer le sucre avec l'eau jusqu'à épaississement du sirop. Ajouter le sirop de fruits et laisser cuire 30 mn. Réduire le feu puis remuer continuellement. Veiller à ce que le sirop reste de couleur translucide. Diluer la fécule de maïs dans le jus de citron puis l'incorporer. Recommandé pour le glaçage des petits gateaux de pâte d'amandes. Se conserve bien. Réchauffer avant de s'en servir.

Petits Gâteaux aux Dattes

40 à 50 unités

Pâte:

500 g de margarine
2 tasses d'huile
1 tasse d'eau
3 cuillerées de levure à gâteaux
1 kg de farine
4 oeufs
1 tasse de sucre

Farce:

500 g de dattes dénoyautées
1 cuillerée de gingembre
1 cuillère de cannelle
200 g de noix
1/2 tasse de jus d'orange
    (ou vin doux)

Photo de droite: en haut: les Grilles au sirop, à droite: les Galettes bonne maman, à gauche: le Nougat (recettes en pages 171, 158, 158).
Photo suivante: Plateau de thé et plantes aromatiques.

Verser une tasse d'eau dans une casserole, faire chauffer puis diluer la margarine. Laisser tiédir, incorporer les oeufs, la farine et la levure. Pétrir (la pâte doit être souple). Partager en trois boules. Étendre chacune d'elles à l'aide d'un rouleau, jusqu'à obtenir une épaisseur d'un demi cm. Verser le jus d'orange dans une deuxième casserole, ajouter les dattes puis délayer, à feu très doux, en mélangeant continuellement avec une spatule en bois, jusqu'à obtenir une marmelade. Effriter les noix et les incorporer ainsi que les épices. Tartiner la pâte avec cette marmelade puis la rouler. Couper en tranches de 2 à 3 cm de large et disposer sur une tôle graissée. Enfourner (à four régulier) 20 mn. Les petits gâteaux doivent être légèrement dorés. Retirer du four, saupoudrer de sucre glace et disposer sur un plat de service.

Gâteaux au Loukoum

Pour 40 à 50 gâteaux

1 1/4 tasse d'huile (ou 250 g de margarine)
6 cuillères d'eau tiède
4 cuillères de sucre
2 tasse de farine

1/2 cuillerée de levure à gâteaux

Farce:
300 g de loukoum *

Avec tous les ingrédients, préparer une pâte molle et élastique mais pas collante. Former une boule, saupoudrer de farine et mettre au réfrigérateur 5 à 6 heures. Sur une table préalablement enfariné, aplatir ensuite la pâte à 1/2 cm d'épaisseur. Couper en carrés de 4 à 5 cm de côté. Poser au milieu de la pâte un morceau de loukoum et replier en biais de façon à obtenir un triangle. Pincer les côtés et disposer sur une plaque graissée. Cuire à feu doux au four 20 mn. Saupoudrer de sucre glace et conserver dans une boîte en métal.

* *Le loukoum est une confiserie orientale faite d'une pâte sucrée parfumée aux amandes, ou aux pistaches.*

Les Baisers aux Amandes

30 à 40 unités

1ère étape: **1/2 kg de pâte d'amandes (voir recette), 1 jaune d'oeuf**

Incorporer un jaune d'oeuf à la pâte d'amandes. Pétrir puis façonner des petites boules, les aplatir légèrement. Sur une tôle préalablement graissée, les disposer. Chauffer le four puis enfourner 5 mn.

2ème étape: **3 cuillères de sucre glace, 3 jaunes d'oeufs**

Mettre les jaunes d'oeufs dans une casserole, au bain-marie, ajouter le sucre puis battre jusqu'à obtenir une crème épaisse et claire. Étaler un peu de crème sur le côté plat d'un petit gâteau puis coller un autre par dessus.

3ème étape: **1/2 tasse d'amandes grillées, sirop (Voir recette)**

Concasser grossièrement 1/2 tasse d'amandes grillées (avec la peau). Tremper le dessus du gâteau accouplé dans le sirop puis dans les amandes concassées. Disposer dans des moules en papier. Les gâteaux que l'on désire conserver ne doivent être glacés au sirop que peu de temps avant de les servir.

Photo de gauche: l'Eau de vie (Mahia), les ingrédients et les ustensiles pour sa fabrication (recette en page 185).

Beignets Marocains   "Sfenj"

30 à 40 beignets

1 kg de farine
60 g de levure de bière
3 1/2-4 tasses d'eau tiède

Huile de friture
Miel ou sucre pour glaçage
1/2 cuillerée de sel

Préparer la pâte à beignets: Disposer la farine en fontaine dans une terrine, verser au centre la levure de bière, l'eau puis mélanger le tout et travailler en battant à la main afin d'obtenir une pâte fluide mais épaisse. Laisser reposer 2 h. et la battre de nouveau. Chauffer l'huile de friture, tremper les mains, dans l'eau, prélever une petite boule de pâte puis à l'aide du pouce et de l'index, faire un trou au milieu en tirant et jeter dans la friture. Faire dorer des deux côtés puis disposer sur du papier absorbant. Saupoudrer de sucre glace ou imbiber de miel (au goût). Les servir chauds.

Les Biscuits

40 à 50 biscuits

6 oeufs
5 tasses de farine
4 cuillerées de levure à gâteaux

1 1/2 tasse de sucre
1 tasse d'huile
1 jaune d'oeuf

Dans une terrine, battre les oeufs, ajouter l'huile, le sucre et la levure. Incorporer délicatement la farine. Obtenir une pâte molle et homogène. Façonner des biscuits à l'aide de moules au choix, les disposer sur une tôle graissée. Les badigeonner d'un jaune d'oeuf à l'aide d'un pinceau puis les saupoudrer de sucre. Cuire 20 mn à four moyen. On peut également obtenir une pâte moins consistante en y ajoutant du jus d'orange, puis façonner des biscuits à la douille, badigeonner de jaune d'oeuf, saupoudrer de sucre puis enfourner 15 mn.

Biscuits au Hachoir

40 à 50 unités

1 kg. de farine
1 tasse d'huile
1 tasse d'eau (ou jus d'orange)
4 cuillerées de levure à gâteaux

3 oeufs
1 1/2 tasse de sucre
2 cuillerées de graines d'anis (facultatif)
2 cuillères de graines de sésame

Dans un récipient, verser l'eau, l'huile, ajouter les oeufs, la levure, le sucre et battre légèrement. Incorporer la farine, les graines d'anis et de sésame. Bien mélanger le tout. La pâte doit être légère. Pour la travailler, la passer dans un hachoir de viande auquel on retire la lame et le tamis. Y adapter un moule en forme d'entonnoir (courant sur le marché) puis rehacher la pâte. Il en sort des tortillons qu'il faut couper en bâtonnets de 8 à 10 cm de long. Les disposer sur une tôle préalablement graissée et saupoudrée de farine. Mettre au four (à température moyenne) 30 mn environ.

Biscuits à la Crème

pour 30 à 40 biscuits

Pâte:
5 tasses de farine
500 g de margarine molle
4 jaunes d'oeufs
3-4 cuillères de sucre glace
1 1/2 cuillerée de levure à gâteaux

Crème:
4 blancs d'oeufs
1 tasse de sucre
1 1/2 tasse de noix hachées
3-4 gouttes de fleur d'oranger
2 cuillères de fécule de maïs

Préparer la pâte, la partager en 3 boules puis, à l'aide du rouleau, étaler chaque morceau jusqu'à obtenir une épaisseur d'un demi cm. Battre sucre et blancs d'oeufs en neige ferme. Incorporer délicatement la fécule de maïs et les noix. Badigeonner du tiers de la quantité de margarine la pâte étalée. Rouler et couper en tranches de 2 à 3 cm de large. Disposer sur une tôle graissée et enfourner 20 mn à feu doux.
La fécule de maïs peut être remplacée par du pudding à la vanille.

Amandes Grillées

1/2 kg d'amandes   1/2 tasse d'eau   1 cuillerée de sel

Tremper les amandes dans l'eau froide 1 h. Égoutter. Diluer le sel dans 1 tasse d'eau. Étaler les amandes sur une tôle, les humecter d'eau salée puis griller au four préchauffé. Remuer et humecter de temps à autre. Laisser refroidir puis ranger dans un bocal ou une boîte métallique.

Fèves Frites

1 kg de fèves sèches
1 1/2 cuillerée de levure à gâteaux

Huile de friture
Poivre noir et sel

Tremper les fèves 24 h. Émonder, égoutter et saupoudrer de levure. Dans une casserole profonde, chauffer l'huile. Éponger les fèves à l'aide d'un torchon de cuisine et mettre à frire. Dorer, saupoudrer de sel et de poivre.

Pois-Chiches Frits

3 tasses de pois-chiches   Huile de friture   Sel et poivre

Tremper les pois-chiches la veille. Égoutter. Chauffer l'huile et frire. Une fois dorée, les retirer du feu, saler et poivrer. Servir froid.
Amuse-gueules bien appréciés. Conserver dans un bocal hermétique.

Confiture d'Aubergines

1 kg d'aubergines (très petites)
1 kg de sucre
2 bâtons de vanille
1 cuillerée de cannelle en poudre
1 cuillerée de clous de girofle en poudre
1 cuillerée de gingembre en poudre
1 tasse de jus de citron

Choisir de toutes petites aubergines fraîches. Délicatement, détacher le pourtour vert, en gardant la tige attachée à l'aubergine. Piquer le légume à l'aide d'une fourchette sur toute sa surface. Faire bouillir 5 mn. Égoutter, laisser refroidir. Entretemps, préparer un sirop avec sucre, épices et jus de citron. Tremper les aubergines une à une dans le sirop et cuire 1 heure à feu doux. Retourner de temps à autre à l'aide d'une cuillère en bois. Les aubergines doivent absorber la moitié du sirop. Conserver dans un bocal.

Confiture de Betterave

1 1/2 de betteraves
3/4 kg de sucre
1/2 tasse de cognac ou brandy
Jus d'un citron
200 g de noix décortiquées

Peler et rincer les betteraves, raper grossièrement puis rincer de nouveau 3 à 4 reprises. Laisser égoutter. Faire bouillir 3 à 4 fois en rinçant à l'eau froide après chaque ébullition. Égoutter puis essorer à la main. Verser dans une casserole et laisser reposer 30 mn. Cuire ensuite à feu doux 1h. 30. Arroser de jus de citron 15 mn avant la fin de la cuisson. Retirer du feu, incorporer les noix grossièrement concassées, mélanger délicatement et conserver dans un bocal.

Confiture de Navets

1 kg de sucre
1 1/2 kg de navets
3/4 tasse de jus de citron
Sucre vanillé
1/8 cuillerée de gingembre

Éplucher les navets, les râper grossièrement, rincer 3 à 4 fois. Porter à ébullition, rincer et répéter l'opération 2 à 3 reprises afin d'atténuer l'odeur et le goût très forts du navet.
Préparation du sirop: Dans une casserole, verser le sucre, la vanille et le jus de citron. Délayer le tout à feu doux, jusqu'à obtention d'un sirop translucide. Incorporer les navets et mélanger avec précaution. Continuer la cuisson 1h. 30 à feu doux. Ajouter le gingembre vers la fin de la cuisson.

Confiture de Courge Verte "Mâazoun"

2 kg de courge
1 kg de sucre
1/4 tasse de cognac ou brandy
1 tasse de jus de citron
1/3 cuillerée de gingembre

Éplucher, couper en deux dans le sens de la longueur les courges. Épépiner, évider et râper grossièrement. Rincer plusieurs fois et ébouillanter à 2 reprises. Changer l'eau après chaque ébullition. Laisser égoutter. Mettre dans une casserole, ajouter le sucre et le cognac. Laisser reposer 3 à 4 heures.

Cuire à feu doux 2 heures. Arroser de jus de citron et saupoudrer de gingembre 15 mn avant la fin de la cuisson.

Laisser refroidir et conserver dans un bocal.

Confiture d'Oranges   "Lim Mâakoud"

8 à 10 oranges (environ 2 kg)
2 kg de sucre

1 citron

Choisir des oranges à l'écorce épaisse. Râper légèrement l'écorce à l'aide d'une râpe fine. Rincer et ébouillanter. Renouveler l'eau et laisser tremper une nuit. Le lendemain, rincer et égoutter. Pratiquer des entailles sur deux côtés de l'orange sans les détacher. Couvrir de sucre et laisser macérer 6 à 7 h. Les oranges lachent leur jus. Mettre à cuire 1 h. 30 à 2 h. à feu très doux et couvrir. Une demi heure avant la fin de la cuisson, arroser de jus de citron et découvrir. Les oranges doivent baigner dans le sirop.

Confiture d'Ecorces de Pamplemousses

8 pamplemousses
1 1/2 kg de sucre

1 tasse de jus d'orange
1 citron

Râper légèrement l'écorce. Couper dans le sens de la longueur des quartiers de 2 cm de large. Détacher l'écorce du fruit. Ébouillanter à deux reprises, en renouvelant l'eau à chaque reprise. Laisser tremper une nuit dans l'eau froide. Égoutter.
Mettre dans une casserole toutes ces lanières, couvrir de sucre et arroser de jus de citron.
Cuire à feu doux 2 heures. Retirer les lanières une à une et placer dans un bocal.

Macarons d'Ecorce de Pamplemousses

Rincer, râper et détacher l'écorce du fruit. Ébouillanter et rincer de suite les écorces à l'eau froide. Renouveler l'eau et laisser tremper une nuit. Égoutter et hacher au moulin à légumes ou au hachoir. Mélanger le sucre avec le hachis (1 tasse de hachis pour 1 tasse de sucre). Laisser macérer 1 heure. Mettre sur le feu et à l'aide d'une cuillère en bois, mélanger continuellement. Le mélange doit être de couleur très claire, presque blanc. Laisser refroidir et mettre au réfrigérateur un moment. Sortir du réfrigérateur, façonner des petites boulettes et enrober de coco. Ne conserve aucun goût amer mais l'écorce a tendance à sécher. Pour cela, il est recommandé de façonner la pâte juste avant de la consommer.

Confiture de Citrons

1 1/2 kg de citrons
1 kg d'oranges

2 kg de sucre

Rincer et ébouillanter les citrons entiers. Jeter cette eau. Laisser tremper 1 heure dans l'eau froide. Rincer et hacher très finement. Ajouter le sucre et cuire 2 heures à feu doux, en remuant de temps à autre. Conserver dans un bocal hermétique. Afin d'atténuer le goût amer, il est recommandé de râper l'écorce avant de faire bouillir.

Confiture de Raisins

1 kg de gros raisins noirs
1/2 tasse de cognac ou brandy
2 tasses de sucre

Jus d'un demi-citron
1 tasse de noix décortiquées (facultatif)

Choisir des raisins fermes, rincer et égoutter. Épépiner sans en détacher les morceaux, les mettre dans une casserole, ajouter le sucre et le cognac. Mélanger délicatement et laisser macérer 2 à 3 heures. Lorsque les raisins auront dégorgé leur jus, porter à ébullition, ensuite laisser cuire, à feu doux, 1h. 30 sans couvrir. Arroser de jus de citron et incorporer les noix grossièrement concassées.

Confiture de Raisins Secs

1 kg de raisins secs (sans pépins)
1 kg de sucre
1/2 tasse de cognac

1 tasse de noix décortiquées et grillées
1 tasse de jus de citron

Macérer les raisins secs dans le sucre et le cognac 2 à 3 heures. Mélanger délicatement afin de diluer le sucre. Porter à ébullition et cuire 1h. 30 sans couvrir. 15 mn avant la fin de la cuisson, arroser de jus de citron et incorporer les noix.

Confiture de Pastèque (Melon d'Eau)

1 kg de peau de pastèque
1 kg de sucre

1/2 tasse de jus de citron
1/2 tasse de cognac

Choisir des peaux épaisses, râper ou éplucher superficiellement (la pulpe ne sera pas utilisée). Couper en petits cubes et faire bouillir 15 mn. Rincer et égoutter. Mettre dans une casserole, ajouter le sucre et le cognac et laisser macérer 2 à 3 heures. Mélanger et cuire 1h. 30 à feu doux. Les peaux prennent un aspect translucide. Arroser de jus de citron les dernières 15 mn de cuisson. Conserver dans un bocal.

Marmelade de Coings "Sferjel"

1 kg de coings
1 cuillère de cannelle
1/2 tasse de sucre
125 g de margarine (ou beurre)
1 tasse de noix décortiquées et grillées
1 tasse d'eau

Éplucher, rincer et couper en quartiers les coings. Verser une tasse d'eau dans une cocotte, ajouter les coings et cuire. Égoutter et écraser, ajouter la margarine, le sucre et faire revenir 1 heure à feu doux. Remuer sans arrêt jusqu'à l'obtention d'une purée de couleur brune. Saupoudrer de cannelle. Si la marmelade est trop épaisse, l'allonger avec un peu d'eau de cuisson. Incorporer en dernier les noix concassées.

Boulettes de Coings

1 tasse de coings hachés
1 tasse de sucre
1/2 tasse de coco

Éplucher, épépiner, évider et rincer les coings. Envelopper dans un morceau de gaze et cuire. Lorsqu'ils deviennent tendre, ôter la gaze, égoutter et passer au hachoir ou au moulin à légumes (jamais dans un blender). Mesurer autant de tasses de coings, que de tasses de sucre. Mélanger et cuire à feu doux jusqu'à épaississement du mélange. Laisser refroidir, former des petites boules et enrober de coco.

Les "Harosset"

1/2 kg de dattes
1 tasse de noix concassées
1 1/2 tasse de vin doux
1 cuillère de cannelle
1/2 cuillerée de clous de girofle
Pétales de roses sèches

Délayer les dattes dans le vin à feu doux jusqu'à l'obtention d'une purée. Saupoudrer d'épices et bien mélanger. Retirer du feu, incorporer les noix grossièrement concassées. Napper de pétales de roses un fond de plateau, verser la préparation et recouvrir d'une autre couche de pétales.

Zemmetta

1 tasse de pois-chiches grillés
1 tasse de graines de sésame
1 tasse de sucre
1 cuillère de cannelle

Hacher les pois-chiches avec le sucre. Mélanger cannelle et graines de sésame, les ajouter et mélanger le tout.

Les Boissons et Fromages

La Mahia (eau de vie) était la boisson alcoolisée la plus appréciée qu'on distillait à la maison. Après, c'était le vin du Kidouch. Le vin était fait dans des caves appartenant aux juifs, alors que les autres boissons alcoolisées étaient importées. Le rhum était également apprécié. Les musulmans ne pouvaient consommer aucune boisson alcoolisée, c'était contraire à leur religion. Les boissons (limonades) fraîches étaient faites à partir de fruits frais ou de lait d'amandes. Ces boissons étaient appréciées surtout les journées d'été. Dans les rues, on côtoyait des marchands ambulants de limonade, habillés de djellabas garnies de clochettes et portant sur l'épaule des espèces de cruches en bronze étincelant de propreté. Autour de la taille, un ceinturon auquel étaient suspendues de petites tasses. Moyennant quelques sous, on pouvait se désaltérer avec une tasse de boisson fraîche.

Le Thé "Ataï"

Les feuilles de thé vert étaient répandues au Maroc. J'ignore si ce thé était préalablement cuit ou si les consommateurs le cuisaient mais il n'en reste pas moins qu'il était fort et légèrement piquant au goût. Nous autres, le consommions sans cuisson préalable car nous en buvions à toute heure de la journée. Pour le servir, on tenait la théière à une certaine hauteur puis, tout en remplissant les verres, il fallait diminuer ou augmenter la distance jusqu'à ce que se forme à la surface une mousse qui donnait envie de le déguster. L'odeur parfumée de la menthe embaumait toute la chambre. Après le repas, le thé était également servi mais jamais à table. Les convives étaient reçus dans une chambre meublée de matelas à même le sol, recouverts de velours ou d'étoffes brodées. (salon arabe). Non loin, les ustensiles en cuivre étincelant trônaient, ce qui ajoutait une note de richesse au décor de la chambre. Dans un coin, le plateau de thé était toujours prêt, plateau en cuivre monté sur pieds (Sénia ou El Berrad), avec la théière, la boîte à thé, un petit vase pour la menthe et souvent une boîte à sucre. Le sucre était présenté en cône ("Kalb Di Scor").
Le thé était servi dans de petits verres en cristal, sculptés par un artiste (Kissan del Binar), souvent importés de Tchécoslovaquie. On tenait le verre avec deux doigts, le pouce et l'index, le thé étant si chaud qu'il était souvent difficile de tenir correctement le verre.

Préparation du Thé à la Menthe

Théière de 6 verres

1 cuillère plate de thé
6 à 8 branches de menthe

Sucre au goût (en général très sucré)

Secouer sur la paume de la main les branches de menthe pour les raviver. Au Maroc, il y avait différentes qualités de menthe et chaque région vantait la sienne. La meilleure était (El Hers), ce qui veut dire légèrement rugueuse et poussait dans la région de Tiznit. Le thé à l'absinthe était consommé surtout en hiver. L'absinthe est une plante contenant une essence légèrement amère mais qui, dit-on, a la faculté de revigorer. D'autres plantes étaient également utilisées dans le thé marocain: verveine, marjolaine — chacune avait son arôme.

Eau-de-Vie "Mahia"

La Mahia "Eau-de-vie", faite maison, était répandue dans presque tous les foyers juifs marocains qui en faisaient alors la distillation pour leur usage personnel. La Mahia, était dans le temps, la boisson alcoolisée la plus appréciée. Sa distillation se faisait à partir de fruits secs, tels que dattes, raisins et particulièrement les figues. Les arômes et parfums étaient également distillés, notamment l'extrait de fleurs d'oranger et eau de rose. Les ustensils pour sa préparation, très simples, se composent de 3 éléments: 1) Le chaudron "Barma" contenant le fruit; 2) L'alambic "Elhatasso", muni d'un bec verseur (robinet) et contenant l'eau glacée servant à condenser la vapeur, s'emboîte sur le chaudron. Le bec déverse les gouttelettes de mahia condensée directement dans un carafon (ou bouteille); 3) Fourneau "Mezmer" servant à l'ébullition.

Distillation de l'Eau-de-Vie "Mahia"

8 à 10 kg de figues sèches
1 kg de sucre

4 litres d'eau
1 tasse de graines d'anis

Verser dans un grand récipient les figues, ajouter sucre et eau. Le récipient devra être plein aux 2/3 seulement, afin de permettre l'augmentation du volume par la fermentation. Placer le récipient dans un endroit chaud et couvrir d'une étoffe fine (mousseline), puis laisser fermenter 3 semaines. En hiver ou dans des conditions climatiques froides, ajouter 10 gr. de levure afin d'activer le processus de fermentation.

Processus de distillation:
Prendre un alambic ou si possible "Barma". Préparer un récipient plein d'eau glacée avec des cubes de glace pour condenser les vapeurs. Remplir l'alambic au 2/3 des figues déjà fermentées avec leur eau. Recouvrir l'alambic et sa partie supérieure, et faire bouillir. Dans la partie supérieure, prévoir une ouverture pour rechanger par de l'eau glacée, chaque fois que l'eau précédente chauffe. C'est grâce au refroidissement de cette eau que les gouttes de Mahia se produisent dans les parois internes du chaudron. Placer en-dessous du tube qui sort du chaudron un récipient ou une bouteille pour recueillir la mahia. La première bouteille constitue la Mahia la plus forte (teneur alcool plus élevée). Il y a lieu de la marquer et goûter. Si la 2ième bouteille est égale à la première, la marquer du même signe. Ce qui est obtenu par la suite est plus faible — la 3ième bouteille est généralement fade. Vider le chaudron, le remplir par d'autres figues et recommencer le processus jusqu'à épuisement des figues. Les bouteilles les plus alcoolisées sont en principe réservées aux connaisseurs et amateurs de mahia.

Vin Rosé Mi-Doux

pour 6 à 8 bouteilles

10 kg de raisins blancs
1 kg de raisins noirs
2 kg de sucre

Épépiner les raisins (ne pas rincer). Mettre dans un grand récipient puis écraser avec les mains. Transvaser le tout, raisins, jus et branches (ces dernières relèvent le goût du vin) dans un autre récipient en terre. Le remplir seulement aux 2/3 à cause du volume de la fermentation. Ajouter une tasse de sucre et couvrir d'un linge fin ou d'un morceau de gaze. Ne pas fermer hermétiquement car la pression de l'alcool à travers l'étoffe peut provoquer une explosion. Après 10 à 12 jours, prélever la lie qui se forme à la surface et la conserver pour la préparation du vinaigre de vin. Placer une étoffe fine dans une passoire ou dans un tamis au-dessus d'un récipient puis verser le vin. Répartir les 2 kg de sucre entre les 6 ou 8 bouteilles. (soit 250 grs de sucre par bouteille.) Remplir les bouteilles, fermer et conserver 6 semaines.
Mélanger de temps à autre en remuant la bouteille. Après 6 semaines, redistiller à l'aide d'une étoffe très fine. Prélever la lie qui se reforme. Remettre en bouteilles et garder dans un endroit frais et à l'abri de la lumière. De préférence, ranger au réfrigérateur.

Remarque: On peut sceller les bouteilles après la fermentation. Pour s'en assurer, tremper l'extrémité d'un tuyau dans le vin alors que l'autre sera placée dans un verre d'eau. Si l'air ne passe pas, la fermentation est faite.

Vinaigre de Vin

Écraser de nouveau la lie prélevée du vin, ajouter 2 litres d'eau. Verser dans un récipient et couvrir d'une gaze. Placer au soleil durant un mois et distiller en suivant le même procédé que pour le vin. Mettre en bouteilles sans fermer hermétiquement. Après la fermentation, sceller les bouteilles.

Jus de Citron Sucré

Pour 15 à 20 tasses

2 tasses de sucre
1 1/2 tasse de jus de citron frais

Verser le jus de citron dans une bouteille, ajouter le sucre, bien mélanger et laisser reposer 3 jours. Mélanger tous les jours en secouant très fort la bouteille.
Servir additionné d'eau.

Lait d'Amandes

Pour 15 à 20 tasses

8 tasses d'eau
4 tasses de sucre
2 1/2 tasses d'amandes finement hachées
1/4 cuillerée de gomme arabique
2 à 3 gouttes d'extrait de fleurs
  d'oranger ou vanille

Dissoudre le sucre dans l'eau en le portant à ébullition. Incorporer la gomme arabique, les amandes, porter de nouveau à ébullition et éteindre le feu. Faire distiller à travers une étoffe fine puis essorer cette dernière en appuyant bien fort à pleines mains. Jeter le résidu restant dans l'étoffe. Verser le liquide dans un bocal en verre, ajouter l'extrait ou la vanille. Additionné d'eau glacée, on obtient un breuvage rafraîchissant.

Fromage Mou à l'Huile d'Olive

2 litres de lait
1/2 tasse de yogourt nature
1/2 tasse d'huile d'olive
1/2 cuillerée de sel

Chauffer le lait, incorporer le yogourt et bien mélanger. Verser dans un bol et recouvrir d'une étoffe fine. Laisser reposer 10 heures (un peu plus d'une nuit). Ajouter le sel, verser dans un carré de mousseline et suspendre au-dessus d'un récipient qui recueillera l'eau dégagée par le fromage. Laisser égoutter 6 à 7 semaines. Enduire les mains d'huile d'olives, former des boules de fromage et les mettre dans un bocal en verre, couvrir d'huile d'olive. Laisser reposer un jour et consommer le lendemain. Se conserve même en dehors du réfrigérateur.

Remarque: On peut arômatiser le fromage en remplaçant l'huile d'olive par une cuillère plate de marjolaine et une d'orégan mélangés.

Fromage Salé

1/2 kg de fromage blanc
2 litres d'eau
3 cuillères de sel

Verser l'eau dans une casserole additionnée de sel et porter à ébullition. Laisser refroidir et incorporer le fromage. Conserver 48 heures dans un bocal en verre. Se conserve bien même en dehors du réfrigérateur.

Utiliser le fromage blanc et gras.

Yogourt "Elbene"

2 litres de lait
1/2 tasse de yogourt nature

Porter à ébullition le lait et laisser refroidir. Incorporer 1/2 tasse de yogourt et mélanger. Couvrir d'une couverture chaude et laisser fermenter une nuit. Le lendemain, mélanger à peine, remplir des coupes et mettre au réfrigérateur 4 à 5 h.

Remarque: Le yogourt a meilleur goût si l'on utilise du lait de chèvre.

Index

A

Artichauts
Fonds d'artichauts farcis 65
Artichauts farcis aux oeufs 38
Artichauts marinés 40
Artichauts à la moutarde 38
Petits pois et Têtes d'artichauts aux boulettes 65
Ailes de poulet à l'oignon 108
Alose aux carottes 127
Alose marinée et séchée 122

Aubergines
Aubergines frites assaisonnées 66
Confiture d'aubergines 180
Aubergines marinées 48
Petites aubergines farcies 59
Salade d'aubergines 35
Viande fumée aux aubergines 80

Abricots farcis de viande 120
Abats 87
Brochettes de viande et d'abats 95

Amandes
Amandes grillées 179
Baisers d'amandes 177
Lait d'amandes 187
Nougatine de cacahuètes et amandes 157
Nougat aux amandes 158
Préparation pâte d'amandes 171
Mouton aux amandes 118
Meringues aux amandes 166
Massapan 169

B

Betteraves
Confiture de betteraves 180
Salade de betteraves 36

Baklaoua 159

Beignets
Beignets marocains 178

Brochettes de viande et d'abats 94
Biscuits 178
Biscuits au hachoir 178
Biscuits à la crème 178

Blé
Boulettes de blé moulu 72
Blé concassé "bourgol" 72
Dafina de blé 75
Pita de farine de blé entier à l'oignon 145

Bouillon de poulet aux oeufs 50
Blettes
Poisson aux blettes 129
Salade de blettes 37
Soupe aux blettes 53

Biftecks grillés 94
Boulettes
Boulettes aux champignons 102
Boulettes au cumin 103
Boulettes de coings 183
Boulettes de blé moulu 72
Boulettes Bonne Maman 95
Boulette douce de dafina 74
Boulettes farcies d'oignons 101
Boulettes farcies d'oeufs 101
Boulettes de foie et viande 96
Boulettes de merlan à la sauce tomate 124
Boulettes de poisson aux pois chiches 126
Boulettes de poisson au céleri 125
Boulettes à la sauce tomate 96
Boulettes de sardines aux câpres 125

C

Carottes
Carottes marinées 45
Aloze aux carottes 127
Boules de carottes 167
Poulet aux carottes 109
Salade de carottes 29
Salade de carottes bouillies 35
Riz aux carottes 71

Cacahuettes
Truffes aux cacahuettes 165
Croissants aux cacahuètes 156

Câpres
Câpres marinés 40
Cervelle de veau aux câpres 89
Langue aux câpres 91
Poisson aux câpres 130

Coings
Marmelade de Coings 183
Boulettes aux coings 183
Poulet aux coings 112

Coco
Biscuits au coco 160
Gâteaux au coco 155
Meringues au coco 165
Montécaos au coco 166
Petits gâteaux de coco cru 165

Caramel
Gâteaux au caramel 168

Couscous
Couscous casablancais 19
Couscous aux fèves 20
Dinde farcie de couscous 117
Couscous sucré et sec 20
Couscous au lait 25
Couscous de pain rassis 20
Couscous pour farcir la volaille 18
Grumeaux de couscous au lait 25
Couscous sucré pour fêtes 26

Confitures
Confiture d'aubergines 180
Confiture de betteraves 180
Confiture de courge verte 180
Confiture d'écorce de pamplemousse 181
Confiture d'oranges 181
Confiture de navets 180
Confiture de raisin 182
Confiture de citron 182
Confiture de pastèque 182
Confiture de raisins secs 182

Cardes
Cardons aux boulettes 57
Cardes farcies 56
Boulettes de sardines aux cardes 125

Citron
Cervelle au citron 89
Citron mariné 45
Citron mariné pour cuisson 45
Confiture de citron 182
Jus de citron 187
Poisson au citron mariné 128
Poulet au citron mariné 110
Olives au citron 47

Champignons
Boulettes aux champignons 102
Langue aux champignons et olives 91

Céleri
Céleri aux boulettes 56
Coeurs de céleri farcis 60
Boulettes de poisson au céleri 125
Langue au céleri et petits pois 92
Petits pois et céleri aux boulettes 58

Cocktail de poisson aux légumes 131
Crêpes Marocaines 147
Cigares
Cigares 141
Cigares au miel 167
Cigares farcis de foie 142
Cigares au thon 141
Farce de viande pour cigares et pastelles 139
Feuille de pâte pour cigares et pastelles 139

Cervelle
Cervelles de veau aux câpres 89
Omelette à la cervelle 138

Cornes de gazelle 157
Concombres
Concombres à la crème sure 29
Salade de concombres 30

Chebakia au miel 156
Croissants aux cacahuètes 156
Cumin
Boulettes au cumin 103
Oeufs au cumin 68
Pied de boeuf au cumin 87
Reste de poulet au cumin 110
Soupe de fèves sèches au cumin 52
Viande de tête de boeuf au cumin 88

Chou-fleur
Salade de chou-fleur 37

Courge rouge au four 67
Courgettes farcies 59
Soupe au chou 50
Couronnes salées 158
Couronnes au sirop 166
Coulis de poivrons rouges 28
Coeurs de céleri farcis 60
Côtelettes
Côtelettes de mouton aux oeufs bouillis 67
Côtelettes de mouton grillées 93

Dafina
Dafina de blé 75
Dafina au boyau farci 76
Dafina aux courgettes farcies 76
Boulette douce de dafina 74

Dafina à la langue et aux
   truffes 74
Dafina au pied de boeuf 75
Dafina de pessah 77
Dafina aux pois-chiches 77
Dafina aux pommes de terre 74
Dinde
   Dinde farcie d'olives 117
   Dinde farcie de couscous 117
Dattes
   Dattes, pruneaux et noix
      fourrés 172
   Macarons de dattes et noix 160
   Poulet farci aux dattes 107
Dorade aux pommes de terre 130
Fenouil
   Petits pois et fenouil aux
      boulettes 57
   Poulet au fenouil 111
   Salade de fenouil 30
   Soupe au fenouil 54

E
Épaule de mouton farcie 85
Eau-de-vie "Mahia" 185

F
Fazuelos 170
Foie
   Foie de boeuf à la vinaigrette 90
   Foie de poulet grillé 93
   Boulettes de foie et de viande 96
   Cigares farcis de foie 142
Fèves
   Fèves frites 179
   Fèves à la viande 102
   Fèves vertes fraîches 35
   Poisson aux fèves vertes 127
   Salade de fèves fraîches 36
   Soupe de fèves fraîches
      "Pessah" 51
Figues
   Figues farcies de viande 119
   Figues à la sauce tomate 65
**Farce de viande pour cigares et
   pastelles 139**
**Feuilles de pâte pour cigares et
   pastelles 139**
Fromages
   Fromage mou à l'huile d'olives
      187
   Fromage salé 188

G
Gâteaux
   Chebakia au miel 156
   Cornes de gazelle 157
   Cigares au miel 167
   Baklaoua 159
   Baisers aux amandes 177
   Dattes, pruneaux et noix
      fourrés 172
   Fazuelos 170
   Gâteaux de coco cru 165
   Petits gâteaux au miel et fruits
      secs 169
   Gâteau des mariés 155

Gâteau au coco 155
Galettes 158
Gâteaux au caramel 168
Grilles de pâte au sirop 171
Gâteau remontant 170
Glaçage 172
Meringues simples 159
Mofléta 147
Mona 159
Nougat aux amandes 158
Nougatine de cacahuetes et
   amandes 157
Nougatine de graines de sésame
   157
Gâteau au loukoum 177
Macarons de dattes et noix 160
Meringues au coco 165
Meringues aux amandes 166
Montecaos 167
Montecaos au coco 166
Massapans 169
Macaron d'écorces de
   pamplemousse 181
Zemmetta 183
Sirop épais pour glaçage de
   gâteaux 155
Roses en feuilles de pâte 168
Grillades 93
Grosse boulette 103
Galantine de poulet 106
Glaçage 172
Grumeaux de couscous au lait 25
Grilles au sirop 171

H
Harissa 31
Harosset 183
Hamburgers orientaux 95
Haricots
   Haricots verts à la viande 66

J
Jus de citron 187

L
Langue
   Langue marinée 89
   Langue aux câpres 91
   Langue aux champignons et
      olives 91
   Langue au céleri et petits pois 92
   Dafina à la langue et truffes 74
Lait d'amandes 187
Lentilles
   Salade de lentilles 34
   Soupe aux lentilles 54

M
Mayonnaise 38
Macarons de dattes et noix 160
**Macarons d'écorces de
   pamplemousse 181**
Mammelles de vache aux oeufs 92
Mammelles grillées 94
Marinade pour poisson frit 122
Marmelade de coings 183
Mouton

Mouton aux amandes 118
Mouton cuit à la vapeur 90
Mouton aux truffes 92
Mouton aux pruneaux et oignons
   118
Massapans 169
Mofléta 147
Mona 159
Meringues
   Meringues au coco 165
   Meringues aux amandes 166
   Meringues simples 159
Montécaos 166
Montécaos au coco 167
Miel
   Chabakia au miel 156
   Cigares au miel 167

N
Nougat
   Nougat aux amandes 158
   Nougatine de cacahuètes et
      d'amandes 157
   Nougatine de graines de sésame
      157

O
Olives
   Olives cassées 47
   Olives cuites 70
   Olives au citron 47
   Olives à la sauce piquante 47
   Olives marinées au vin 47
   Olives noires désséchées 46
   Olives à la viande 70
   Dinde farcie d'olives 117
   Langue aux champignons et
      olives 91
   Poisson d'eau douce aux olives
      129
   Poulet aux olives 106
   Olives à la viande 70
Oeufs
   Artichauts farcis aux oeufs 38
   Bouillon de poulet aux oeufs 50
   Boulettes farcies d'oeufs 101
   Mammelles de vache aux oeufs
      92
   Oeufs pochés à l'eau 68
   Oeufs au cumin 68
   Tomates aux oeufs 68
Omelettes
   Omelettes aux échalottes 70
   Omelette à la cervelle 138
   Omelette aux légumes 138
   Omelette au poulet 137
   Omelette régulière 137
   Omelette au thon 137
Oignons
   Oignons farcis 60
   Ailes de poulet à l'oignon 108
   Boulettes farcies d'oignons 101
   Mouton aux pruneaux et oignons
      118
   Poulet à l'oignon 110
   Pita de farine de blé entier à
      l'oignon 145
   Viande fumée à l'oignon 80

P

Piments — Poivrons
Poivrons farcis 59
Coulis de poivrons rouges 28
Piments piquants 30
Piments rouges en conserve 28
Poisson aux poivrons et tomates 131
Salade de poivrons grillés 31
Salade de tomates et piments grillés 33

Pois-chiches
Pois-chiches bouillis 34
Boulettes de poisson aux pois chiches 126
Dafina de pois-chiches 77
Poulet aux pois-chiches 108
Poisson aux pois-chiches 126
Pois-chiches frits 179
Soupe aux pois-chiches 53

Petits pois
Petits pois et fenouil aux boulettes 57
Petits pois et pommes de terre aux boulettes 57
Petits pois et têtes d'artichauts aux boulettes 58
Petits pois et céleri aux boulettes 58
Petits pois aux oeufs 69
Langue au céleri et petits pois 92

Paniers de tomates farcies de thon 29

Poivrons farcis 59

Pommes de terre
Dafina aux pommes de terre 24
Dorade aux pommes de terre 130
Pommes de terre farcies 60
Pommes de terre au four 67
Petites pommes de terre à la marjolaine 69
Rate farcie aux petites pommes de terre 88
Pastelles de pommes de terre 139
Salade de pommes de terre 37
Soupe aux pommes de terre 51

Paella au riz 71

Poitrine de boeuf mariné 91

Pigeons de mariés 111

Poulet
Poulet aux carottes 109
Poulet au citron mariné 110
Poulet aux coings 112
Poulet doré 105
Poulet au fenouil 111
Poulet farci aux dattes 107
Poulet aux fines herbes 105
Rouleau de poulet 107
Poulet aux pommes 112
Poulet aux navets 109
Poulet aux olives 106
Poulet aux pois chiches 108
Poulet aux truffes 108
Poulet au safran 109
Poulet aux toupinanbours 105
Poulet à l'oignon 110
Reste de poulet au cumin 110
Pastelles au gras de poulet 140
Bouillon de poulet aux oeufs 50
Ailes de poulet aux oeufs 50
Couscous pour farcir la volaille 18
Foie de poulet grillé 93
Omelette de poulet 137
Pita à l'oignon et poulet 146

Pruneaux
Dattes, pruneaux et noix fourrés 172
Mouton aux pruneaux et oignons 118
Pruneaux farcis 119

Poisson
Poisson aux blettes 129
Poisson au four 130
Poisson aux câpres 130
Poisson à la coriandre 129
Poisson au citron mariné 128
Poisson aux fèves vertes 127
Poisson farci piquant 123
Poisson aux poivrons et tomates 131
Poisson aux radis 127
Poisson aux pois chiches 126
Poisson de mer mariné 123
Poisson d'eau douce aux olives 129
Sardines accouplées 128
Sardines marinées 122
Sardines grillées 128
Sole amandine 124
Thon au vinaigre 123
Cocktail de poissons aux légumes 131
Cigares au thon 141
Dorade aux pommes de terre 130
Alose marinée et séchée 122
Alose aux carottes 127
Boulettes de merlan à la sauce tomate 124
Boulettes de poisson au céleri 125
Boulettes de sardines aux cardes 125
Boulettes de poissons aux pois chiches 126
Marinade pour poisson frit 122
Omelette au thon 137

Pastilla 142

Pain
Pain ordinaire 144
Pain du shabbat 144
Pain de Pourim 144

Pita
Pita de farine de blé entier à l'oignon 145
Pita à la marjolaine 145
Pita à l'oignon et poulet 146

Pâte
Pâte au safran 153
Pâte frite à la cannelle 146
Pâte salée feuilletée cuite 146
Pâtes plates et fines "Lintria" 153
Plat de pâtes 148

Plat de galettes de Pessah 148

Pizza moracaine 148

Petits gâteaux de coco cru 165

Petits gâteaux au miel et fruits secs 160

Préparation de la pâte d'amandes 171

Pois chiches frits 179

Préparation de grains de couscous 18

R

Ratatouille 34

Riz
Riz au safran 71
Riz aux carottes 71
Paella au riz 71
Soupe au riz 51

Rouleau de boeuf farci 85

Rouleau de poulet 107

Râte farcie aux petites pommes de terre 88

Rôti de viande à la moutarde 102

Reste de poulet au cumin 110

Raisins secs confits 118

Roses en feuille de pâte 168

S

Salades
Salade d'aubergines 35
Salade de betteraves 36
Salade de blettes 37
Salade de carottes 29
Salade de carottes bouillies 35
Salade cuite 32
Salade de chou-fleur 37
Salade de concombres 30
Salade de fèves fraîches 36
Salade de fenouil 30
Salade de laitue 31
Salade de lentilles 34
Salade d'olives et oranges 33
Salade de poireaux 36
Salade de poivrons grillés 31
Salade de radis et d'oranges 33
Salade de pommes de terre 37
Salade de tomates et piments grillés 33
Salade d'olives 28

Soupes
Soupe aux blettes 53
Soupe au fenouil 54
Soupe de fèves fraîches "Pessah" 51
Soupe de fèves sèches au cumin 52
Soupe au chou 50
Soupe aux lentilles 54
Soupe aux légumes 49
Soupe aux pois chiches 53
Soupe de pois cassés 52
Soupe de pommes de terre 51
Soupe au riz 51
Soupe sure 52
Soupe aux tomates 50
Soupe veloutée "Hrira" 49

Sardines
Sardines accouplées 128
Sardines grillées 128
Sardines marinées 122

Sole amandine 124

T

Truffes
- Truffes aux boulettes 58
- Truffes aux cacahuètes 165
- Dafina à la langue et aux truffes 74

Thon
- Cigares de thon 141
- Omelette au thon 137
- Paniers de tomates farcies de thon 29
- Thon au vinaigre 123

Tranches de viande marinée 86
- Tranches de viande à la marjolaine 86

Thé 185
Thé à la menthe 185

V

Variantes 40
Viande fumée 79
- Viande fumée aux oeufs 79
- Viande fumée aux graines d'anis 80
- Viande fumée aux aubergines 80
- Viande fumée à l'oignon 80

Viandes
- Boulettes de foie et viande 96
- Boudin 94
- Brochettes de viande et abats 95
- Brochettes de viande et légumes 94
- Biftecks grillés 94
- Céleri aux boulettes 56
- Fèves à la viande 102
- Figues farcies de viande 119
- Farce de viande pour cigares et pastelles 139
- Hamburgers orientaux 95
- Petits pois et fenouil aux boulettes 57
- Petits pois et pommes de terre aux boulettes 57
- Petits pois et têtes d'artichauts aux boulettes 58
- Petits pois et céleri aux boulettes 58
- Pieds de boeuf au cumin 87
- Poitrine de boeuf mariné 91
- Rouleau de boeuf farci 85
- Rôti de viande à la moutarde 102
- Abricots farcis de viande 120
- Olives à la viande 70
- Tranches de viande à la marjolaine 86
- Tranches de viande marinée 86
- Truffes aux boulettes 58
- Viande de tête de boeuf au cumin 88

Y

Yogourt 188

Z

Zemmetta 183

Remerciements:

L'auteur remercie familles et amis qui ont collaboré à la réalisation de ce magnifique ouvrage.